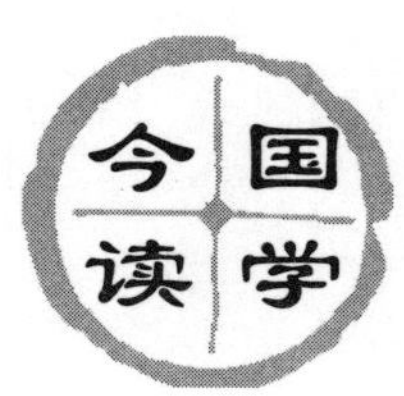

· 经 典 润 泽 生 命 ·

三字经 百家姓 千字文 弟子规

插图版

于江山◎主编
（宋）王应麟等◎著
于童蒙◎编译

中国纺织出版社

内 容 提 要

《三字经》《百家姓》《千字文》《弟子规》是中华传统文化中的蒙学经典、古代儿童语文教育的教材。几部书的内容或侧重知识，或偏重道德，编排巧妙，便于识字，朗朗上口，在古代社会流传极广、备受推崇。如今，不仅可以作为国学入门读物，还可以从其思想价值和解决问题的方法中得到极大的启发。

图书在版编目（CIP）数据

三字经·百家姓·千字文·弟子规：插图版 /（宋）王应麟等著；于童蒙编译．—北京：中国纺织出版社，2015. 1（2024.1重印）
（国学今读）
ISBN 978-7-5180-1186-5

Ⅰ．①三… Ⅱ．①王… ②于… Ⅲ．①古汉语—启蒙读物 Ⅳ．①H194. 1

中国版本图书馆CIP数据核字（2014）第252906号

责任编辑：李伟楠　　特约编辑：李瑞瑞　　责任印制：储志伟

中国纺织出版社出版发行
地址：北京市朝阳区百子湾东里A407号楼　邮政编码：100124
销售电话：010—67004422　传真：010—87155801
http：//www.c-textilep.com
E-mail：faxing@c-textilep.com
中国纺织出版社天猫旗舰店
官方微博http：//weibo.com/2119887771
永清县畔盛亚胶印有限公司印刷　各地新华书店经销
2015年1月第1版　2024年1月第5次印刷
开本：710×1000　1/16　印张：18
字数：220千字　定价：54.00元

凡购本书，如有缺页、倒页、脱页，由本社图书营销中心调换

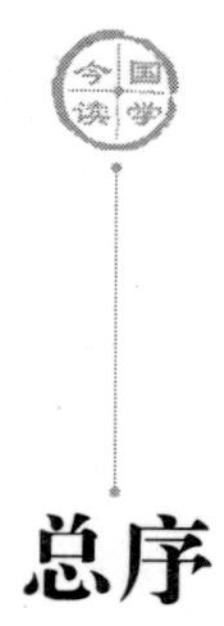

总序

国学的本来与未来

对于中华民族来说，迄今为止的大事因缘，莫过于国家的命运——诞生、跋涉、传衍和弘扬，当然也包括国破家败与绝处逢生。从这个意义上讲，国学的命运也就是中华民族的命运。

国学潮之所以汗漫于21世纪初叶的中国，是因为其内生的属性契合了民族复兴的强烈诉求。这一波潮涌不是返祖而是进化，承载着一系列厚本厚生、资治化民、与时偕行的历史使命，其目标麾指人类文明的又一巅峰。

红尘滚滚的世俗显然对国学大潮的浪迭涛涌缺乏理性的应对预案。于是在价值多元的当下社会，国学便被推向了纷纭披拂的“春秋战国”。红艳艳的国学大旗随风飘扬起来，却鲜有人去理性思索其背后的动因。

今天我们传承着国学的本来，于是就有了这套插图版的国学经典系列。

我们知道国学经典浩如烟海，“累世不能通其学，当年不能究其礼”。所以我们选择了一个力所能及的方向和规模。当然也可以做得更大，但我们宁愿选择做得更精。我们像双手掬捧着祖先的遗惠，虔诚而勤勉地加以拂拭、点饰、悟析和解读，力图让这些千年经典焕发出时代的清辉。从这十几本入选经典中，我们不难看到国学经典为我们提供的精神资源和思维向度：

一、生生不息的变易之道；

二、居安思危的忧患意识；

三、安贫乐道的幸福观；

四、自强不息的进取观；

五、厚德载物的道德观；

六、民为邦本的政治哲学；

七、和而不同的和谐理念；

八、阴阳互生的发展观；

九、义利统一的价值观；

十、天人合一的宇宙观；

十一、知行合一的学统；

十二、资治化民的宗旨和践行。

而这些，都已化成了中华民族的文化基因，成为中华民族伟大复兴的精神渊薮。

至于国学的未来，我们认为：就是践履国学智慧的大众化、现代化和生活化。这同时是我们推广国学的最终目标，当然也是我们推出本书系的重要宗旨。能以本书系的出版来助推国学潮的澎湃，是我们莫大的荣幸。

参与这项工程的诸多同人的敬业精神不止一次让我感动倾情。我一直认为我们这一书系在众多同类出版物中毫不愧恧，因为在统稿的过程中我读出了底蕴、良知和用心。没有什么能比得上这样强大的支撑了。所以我满怀欣悦地向读者推荐我们的插图版经典读本。这是一套继往开来的书系，伴随着国学的本来走向未来。

于江山　甲午之秋

朝秦暮楚地　巴山夜雨中

导言

中国传统语文教育中有几部地位崇高的经典作品，那就是“三、百、千、弟”（即《三字经》《百家姓》《千字文》《弟子规》）。

《三字经》据说原为宋代学者王应麟所著，后又经元、明、清几代文人的不断增补，具备了我们现在所看到的规模。作为中国传统启蒙教育的第一教材，《三字经》历来备受推崇，被称为“袖里通鉴纲目”、“千古一奇书”、“若能句句知诠解，子史经书一贯通”，自宋以后，《三字经》便成为一本家喻户晓、脍炙人口的启蒙教材。

《三字经》之所以能够经久不衰，在编写上有其高明和独特之处。首先，在编写体制上它采用三言韵语，既便于记诵，又通俗易懂，全书或三字成句，或六字成句，或十二字成句，变化多样，生动活泼。这是《三字经》得以广泛流传的重要原因之一。

当然除去文句、声韵方面的特点外，《三字经》的超然地位更体现在思想价值上，其通篇以儒家思想为主导，更将经史子集的主要内容融汇其中，呈现一种对中国文化提纲挈领式的形式，为人们学习和研究中国文化指明了方向。除

此之外，也有不少精华部分值得我们欣赏、借鉴。

《百家姓》一文，相传为北宋人编写，作者不可考。作为中国传统蒙学经典的《百家姓》向我们介绍了姓氏的由来和发展，其形式简单，四字一句，平仄有韵、朗朗上口。它是旧时教育儿童识字的一篇通俗性韵文，在民间影响极大，仅就我国北方广大地区来说，七旬老妪、黄发幼童，鲜有不能随意吟上几句的。从古到今，流传于民间的《百家姓》有很多版本，它们当中有的记载姓氏达1000多个，有的则只有200余个。本书选用的是明清以来流传最广的一种版本，也就是人们常提、常用的《百家姓》。这篇《百家姓》，全篇凡580余字，辑有姓氏440个。

值得一提的是，《百家姓》是由“百姓”一词演绎而成，意即普天下的姓氏，所以名义上称为“百家姓”，实际上姓氏的数量远不止100家。据中国科学院的研究统计，我国目前使用的姓氏有3000多个，如以收集到的古今姓氏计算，则已超过8000多个，几近1万之数了。另外，《百家姓》并不是严格依据某姓人数的多寡次序排列的。《百家姓》之所以以“赵”姓开头，是因为它的编写者是宋代人，而宋王朝是赵姓的天下，编者自然要以位尊者为先了，因此它的顺序并不是按照人口的多寡，而是按照地位的尊卑排列的。

尽管如此，《百家姓》仍然不失为一个优秀的儿童启蒙读本，不仅由于它是人们耳熟能详的经典读本，已经深入人心，更重要的是《百家姓》在体裁和编排上有其独到之处。其中重复字为数不多，故能在较短篇幅以内，最大量地尽其教人识字之能，而且其编排、剪裁得当，读来朗朗上口，颇富韵律美感，更是令人非至终篇不忍释手。

《千字文》，由南朝梁周兴嗣拓取王羲之书迹中不同的字一千个以四言韵语撰成。周兴嗣，字思纂，梁武帝时曾为散骑侍郎、给事中，以文名世。从南北朝到清末，《千字文》流行了1400多年，是世界上现存的出书最早、影响最大的识字课本。《千字文》所含内容非常广泛，虽仅千字，却包括关于天地、历史、人事、修身、读书、饮食、居住、农艺、园林，以及祭祀等社会文化活动。

周兴嗣的《千字文》历来享有美誉，清代褚人获谓此书“如舞霓裳于寸木，抽长绪于乱丝”，明代以诗文名世、独主文坛二十年的王世贞称之为“绝妙文章”。据唐代李绰曲《尚书故实》记载，周兴嗣作《千字文》“一夕编缀进上，鬓发皆白”，这说法虽几近玄虚，从中毕竟也能够窥出几分作者超人的功力、才华。

《弟子规》，清代康熙时山西绛州（今山西新绛县）人李毓秀所作。它是学童们的生活规范，是依据至圣先师孔子的教诲编成的。李毓秀，字子潜，平生只考中秀才，主要活动是教书。根据传统对童蒙的要求，也结合他自己的教书实践，写成了《训蒙文》，后来经过贾有仁（也作贾存仁）修订，改名《弟子规》。

全书以《论语·学而》中的“弟子入则孝，出则弟，谨而信，泛爱众，而亲仁。行有余力，则以学文”开篇，以三字韵语形式，对儿童言语行动提出要求，教以应该怎样待人处世，通篇的核心思想是孝悌仁爱。《弟子规》共分5个部分。除开篇“总叙”之外，其余4部分各有侧重。“入则孝出则弟（悌）”，讲孝敬父母兄长的基本要求。尊敬家庭成员，即使在

今天也是理所当然的，但文中一些形式上的烦琐规则现在已失去现实意义，仅可帮助我们了解旧时家庭礼制而已。“谨而信”，教导人们为人谨严而忠信，并从作息、服装、饮食、言语等方面的具体要求来讲一个人的修养，其要求现已过时，但其解决问题的方法，在今天对我们却仍有指导意义。“泛爱众而亲仁”，教导学生以爱心、诚心待人，其中有些内容诸如“己所不欲，勿施于人”、“以理服人”等，今天仍值得我们借鉴。“行有余力则以学文”，倡导学习，并具体指导，教育学生勿慕浮华、勿自暴自弃、勿自坏心志。

《弟子规》浅显易懂，押韵顺口，内容又符合封建伦理道德的要求，是以极有影响，清代后期成为广为流传的儿童读本和童蒙读物，几乎与《三字经》《百家姓》《千字文》有同等影响。一篇《弟子规》，可以帮助人了解旧时教育的基本思想及对学生道德、修养方面的要求，这也正是它今日的价值所在。

《三字经》《百家姓》《千字文》和《弟子规》虽然是儿童的启蒙读物，然而却不仅仅只限于儿童阅读和学习，每位炎黄子孙都应该对自己祖先的历史和灿烂文化烂熟于心。在本书中，我们尽量详细地注释了与正文有关的典故、知识。此外，编者还精心选择了大量图片，希望能够帮助读者更加感性而深刻地理解书的内容，并拥有更美好的阅读体验。

编译者

2014 年 10 月

目录

插图版

三字经百家姓
千字文弟子规

三字经

【原文】

人之初，性本善。性相近，习相远。

【译文】

人生下来的时候都是好的，只是由于后天的学习环境不一样，性情也就有了好与坏的差别。

【评析】

人的本性在本质上并不存在多大差别，然而在长大之后，性情、行为、品德、成就上却千人千面、大相径庭，这是为什么呢？答案是教育。中国传统的儒家思想十分注重对人性的教育，无论是坚持“性善论”的孟子还是推崇“性恶论”的荀子，他们都主张用教育的方式来教化世人。孟子希望通过教育来保持人们的纯良本性不受混浊世情的污染，而荀子主张以礼仪的教化驱除人们品行当中的劣根性。因为“性相近，习相远”，所以才要通过后天的修养去完善它，因此本段也是《三字经》立论的基础，是教育的基础，同时也是教育的准则。

无论善恶，人的天性本身并无什么不同，而等到慢慢长大之后，每个人的学习环境和所学习的内容不同，习惯和性情就有所差别了。努力学习的人，生活会越来越好；不努力学习的人，就会日渐堕落。所以，人从小就应该受到良好的教育，好好学习、区分善恶，只有不断努力提高自身的学识和修养，才能驱除先天的劣根性、保持纯良的本性，成为一个对社会有用的人才。

【原文】

苟不教，性乃迁。教之道，贵以专。

【译文】

如果从小不好好教育，善良的本性就会变坏。为了使人不变坏，最重要的方法就是要专心一致地去教育孩子。

【评析】

正像开头时所说的，后天的教育是一个人能否成才的关键。百年大计，教育为本。教育是头等重要的大事。人光有善良的本性是不够的，如果没有得到适当的启发和教导，善良的本性就会受到外在不良环境事物的影响而逐渐变坏。教育是人一辈子的事业，在人的一生中，教育是不能停止的。人生如逆水行舟，不进则退，因为“苟不教，性乃迁”，所以教育一天也松懈不得。

“教之道，贵以专”则是教育的原则。它包含两层含义，首先是对于教育者而言，教育要持之以恒，不能有丝毫的怠慢，所谓“十年树木，百年树人”，教育需要的是恒心和责任心，要想使孩子成为对社会有用的人才，必须时刻注意对孩子的教育，专心一致，时时不能放松；同时，对于课业的选择，要以专精为主，不要希求广博，而现代的教育往往不是“贵以专”而是“贵以杂”，方法杂、内容杂，孩子们除了要接受学校的课程以外，还要去上各种各样名目繁多的辅导班，最后搞得精疲力竭，然而却收效甚微。其次，对于受教者而言，学习只有专注才能获得真知，所谓“一心不可二用”，人的身心是一个统一的整体，若不能做到“身心合一”，又岂能学有所成？因此，学者应以“专”字为主导，只有专注、专心、专一，才能修得精深的造诣，也只有在做到“专”的基础上才能获得“博”的可能。

【原文】

昔孟母，择邻处。子不学，断机杼。

【译文】

战国时，孟子的母亲曾三次搬家，是为了给孟子一个好的学习环境。一次孟子逃学，孟母就以割断织机上的布来教育他。

【评析】

父母是孩子最早的教育者，因此父母为孩子提供的学习环境和教育方法对其人生的发展方向具有至关重要的作用。

孟子之所以能够成为历史上有名的大学问家，是和母亲的严格教育分不开的。“昔孟母，择邻处”讲述的就是环境对孩子身心成长的巨大作用。孟子的母亲，为了寻找一个对孟子有益的教育环境，不辞辛劳搬了三次家。孟子家原来住在一片坟地附近，那里时常会有送葬出殡的人家哭哭啼啼、吹吹打打。孟子看了以后就学人出殡打幡、哭丧祭拜。孟母非常担忧，孩子从小就学这些事，将来又怎么能成大器呢？于是就将家搬到了城镇居住，母亲的原意是让孟子多长一些见识，开阔眼界。但这里十天赶两个集场，喧闹异常。孟子回家后不是叮叮当当学打铁，就是比比划划学杀猪。所谓“近朱者赤，近墨者黑”，孟母并不希望儿子成为铁匠或屠夫，于是决定再次搬家。这一次孟家搬到了学堂隔壁，周围都是读书人，具有浓厚的学习气氛。孟子每天都看到上学的人举止文雅、落落大方，也跟着读书识礼，见儿子如此勤学刻苦，孟母心中的石头总算落了地。

“子不学，断机杼”是孟母教子的故事。有一次孟子不好好学习，当他逃学回家时，他的母亲拿起了剪刀，将织布机上就要织好的布匹剪断，并且告诫他，求学的道理就像织布一样，必须将纱线一条一条织上去，经过持续不断的努力，积丝才能成寸，积寸才能成尺，最后才能织成一匹完整有用的布；读书也是一样，要努力用功，并且持之以恒，经过长时间的累积，才能有所成就。否则就像剪断了的布匹一样，一旦中断就很难再续。

【原文】

窦燕山，有义方。教五子，名俱扬。

【译文】

五代时，燕山人窦禹钧教育儿子很有方法。他教育的五个儿子都很有成就，同时科举成名。

【评析】

这同样是一个关于对子女教育的故事。五代时，窦禹钧家住北京燕山附近，人称窦燕山。他为人乐善好施，对子女的教育更是非常重视。他遵照圣贤教诲的义理来教育子女，例如他的家庭之礼都按照古礼进行，家中男不乱入，女不乱出，男耕女织，和睦孝顺，他的五个儿子窦仪、窦俨、窦侃、窦尔、窦僖在其教导下均学有所成、深明大义，因此才有五子联科，光耀门楣的佳话，并获得侍郎冯道的题诗："燕山窦十郎，教子以义方，灵椿一株老，丹桂五枝芳。"后来，五个儿子又同成为北宋初年的名臣，这与父亲的教育方法和严格管束是分不开的。所以，子女能否成为一个德才兼备的栋梁之才，与家庭教育选择何种方式是密切相关的。

虽然，以当今社会的角度来看，孔孟之道的教育方法似乎已经有些落伍，但是其正确的教育理念和精神对子女身心的成长依然具有不容小觑的指导作用和意义。因此，为人父母者要学会使用正确的教育方式，同时对子女的身心发展加以正确的引导，才能促进他们健康成长，成为社会的有用之才。

【原文】

养不教，父之过。教不严，师之惰。

【译文】

仅仅是供养儿女吃穿，而不好好教育，是父亲的过错。只是教育，但不严格要求就是做老师的懒惰。

【评析】

教育的成败是两种推动力共同作用的结果，这两种力分别来自家庭和学校。孩子的童年和青少年时期的绝大部分教育来自家长和教师，作为孩子人格和灵魂的塑造者，家长和老师的肩上都担负着不可推卸的责任。

“养不教，父之过”，生育子女，若只知道养活他们，只是供给他们衣食住行的物质需求，而不去对他们进行教育，那是做父母的失职。“教不严，师之惰”，严师出高徒，严格的教育是通往成才之路的必然途径，老师教育学生，不应仅是知识、技艺的传授，更重要的是教导学生为人处世的道理，因此对于学生的要求一定要认真严格，一个偷懒怠惰的老师是教不出好学生的。同时，家教与师教并不是两个孤立的个体，它们只有作为一个有机的统一体才能发挥最佳的效用。这是因为，家教和师教具有互补性，两种教育的背景不同，内容也不一样，有些话老师说不出口，有些话家长说不出口。家教是最重要也是最基础的教育，叫作扎根教育。没有家教的小孩子，即使学校教育再优秀，一生也不会有大成，因为他没有根。师教是更高层次的系统性教育，是对家教的发展和升华，没有老师的“传道、授业、解惑”，即使家教再成功，子女也只能做一个胸无点墨的老实人。因此，如果说家教是播种和浇水，那么师教就是施肥和修剪，离开了哪一个环节，幼苗都不能长成参天大树。

【原文】

子不学，非所宜。幼不学，老何为？

【译文】

小孩子不好好学习，是很不应该的。一个人倘若小时候不好好学习，到老的时候既不懂做人的道理，又没有知识，能有什么用呢？

【评析】

当然，无论外因的作用多么重要，都离不开内因的努力。家长和老师即使为子女和学生提供了最好的学习环境和教育方式，可如果内因无动于衷，一切的努力都是白费。

作为正在成长期的学生和子女应该懂得体会老师和家长的苦心，对于自己的大好年华更不应该虚度。“少壮不努力，老大徒伤悲”、“莫等闲，白了少年头，空悲切”是古人发出的感叹，不要把这些当成无聊的说教，这都是他们的肺腑之言，更是经验之谈。不要等到这些也成为你的经验后才追悔莫及。如果错过了人生的黄金阶段，就会事倍功半，不是说这时候不能学习了，而是你下的工夫大，收获反而相对小。何况学习本是一个积累的过程，所谓“厚积薄发”，不要轻视年少时的点滴努力和积累，这些都将成为你日后成功的资本；更不要害怕吃苦，“吃得苦中苦，方为人上人”，更何况学习并不是单纯的吃苦行为，只要学进去必将从中获得无穷的乐趣，也只有把学习当成乐趣的人才能获得更大的成功。

学习和努力的目的并不是为了父母或者老师，最终的受益人永远是你自己。学会珍惜自己生命的黄金时刻，不仅是对父母和师长的回报，更是对自己人生的负责。

【原文】

玉不琢，不成器。人不学，不知义。

【译文】

玉不打磨雕刻，不会成为精美的器物；人如果不学习，就不懂得礼

仪，不能成才。

【评析】

人的一生是一个磨炼的过程，只有经过了重重的考验才能显出人性的本真。一个人的成才之路如同雕刻玉器一样，玉在没有打磨雕琢以前和石头没有区别，人也是一样，只有经过刻苦磨炼才能成为一个有用的人。其实每个人都是一块璞玉，只是有的人成为玲珑剔透的翡翠，有的人却依旧是冥顽不灵的顽石，他们之间之所以表现出如此大的差异，是因为有的人经受住了切磋和琢磨，而有的人却半途而废、前功尽弃。没有成器的人经常感叹自己不是那块料，其实是自己没下那份苦功。人的天资并不存在多大的差别，能否成才就要看你是否能经受得起磨炼，而学习正是一种磨炼人的最佳方式。它虽然看起来简单，但是要做到持之以恒就没那么容易了。下面这则小故事就说明了这个简单的道理：有个人从铁匠那里买了一把斧子，他要求把斧子面磨得像刀刃一样光亮。铁匠答应了，不过要求他自己帮忙旋转砂轮。铁匠把斧子面紧紧地压在砂轮上，所以旋转起来特别吃力，于是，那个人一会儿就跑过来看磨得怎样了。如是往返了几次都不见效果，后来他宁可就把原来那样子的斧头拿走算了，不想再磨得像刀刃一样光亮了。铁匠说："别走啊，接着转，斧子还到处是斑点呢！""这样就行了，我喜欢这样磨了一半有些斑点的斧子。"那个人回答说。

生活中大部分的人就像这样一把磨了一半有些斑点的斧子，这虽然并不是他们的初衷，没有人不希望自己成为一个完美的成功人士，只是却很少有人能够坚持到最后。"学习"是一个简单的词语，却需要人去脚踏实地、持之以恒地付出自己的努力。

【原文】

为人子，方少时。亲师友，习礼仪。

【译文】

做儿女的，从小时候就要亲近老师和朋友，以便从他们那里学习到许多为人处世的礼节和知识。

【评析】

青少年正处于学习的最佳年龄，对于师长和朋友应该尊敬，谦虚是一种美德，只有虚怀若谷才能从师友那里学到有益的经验和知识，也只有取人之长补己之短，才能不断地丰富自己的头脑。良师的指导和益友的影响对自身人格和品格的塑造具有潜移默化的作用。学习良师，结交益友是丰富自身知识的必要途径，也是迈向成功的强劲推动力。

更何况中国是礼仪之邦，礼仪的教育源远流长，尊师重道、谦和礼让是每一个青年子弟从小就要接受的教育。“礼”是一切行动的基础，中国人讲究的“礼、义、廉、耻、信”，“礼”是排在首位的，一个人若不识“礼”，其他一切便是空谈。没有人喜欢同一个目中无人、骄傲蛮横的人共事，更不要说为其提供指导和帮助了。而一个人的成功恰恰正是在多方助力的作用下取得的，因此，人要学会“亲师友，习礼仪”。而要“习礼仪”，就要学会尊重他人，《礼记》篇首第一句话就是“毋不敬，俨若思”。人随时随地都要庄重诚敬，内心保持着这种庄重，待人接物不离

诚敬，专注于自己内心的修养，才能达到“礼”的境界。待人以诚、进退有度才能不失君子风范，才能赢得他人的尊敬和青睐，也才能为自己的成功增添砝码。

【原文】

香九龄，能温席。孝于亲，所当执。

【译文】

东汉人黄香，九岁时就知道孝敬父亲，替父亲扇草席暖被窝。这是每个孝顺父母的人都应该效仿和坚持的。

【评析】

黄香是东汉江夏人，他在九岁的时候，母亲得病去世，在伤心的同时更加倍地孝敬父亲，炎热的酷暑，他用扇子先将父亲的床铺扇凉、赶走蚊虫，然后再请父亲就寝；寒冷的冬天，他用自己的身体将父亲的被子焐暖，然后再请父亲安睡。黄香小小年纪就有如此的孝心，因此人称“天下无双，江夏黄香”，他的孝行也被列入“二十四孝”之首。他的行为更是每一个为人子女者应当效仿的对象。孝心是人的品行中不可或缺的组成部分，每个人从小就应该知道孝敬父母，这是做人的准则。所谓“百行孝当先”，一个人品质的好坏首先要看他是否能够孝敬父母，若连生养自己的父母都不能善待，又怎么可能去善待别人呢？“羊有跪乳之恩，鸦有反哺之义”，禽兽尚知养育之恩，人若不懂得这个道理恐怕连禽兽都不如了！同时，孝道更是一个坚持的过程，“久病床前无孝子”，偶尔一次或一时的“孝”都不算是真正意义上的“孝”，“孝于亲，所当执”是要人能够做到严持孝道，永不放弃，因为对于人类社会而言，“孝”不仅仅是一种行为，更是一种精神，一种坚持不懈的精神。

【原文】

融四岁，能让梨。弟于长，宜先知。

【译文】

东汉人孔融四岁时，就知道把大的梨让给哥哥吃。这种尊敬和友爱兄长的道理，是每个人从小就应该知道的。

【评析】

“孔融让梨”的故事家喻户晓，中国人注重长幼有序、兄友弟恭的文化传统，而孔融让梨无疑是符合这个传统的。“孔怀兄弟，同气连枝”，兄弟之间要相互关心友爱，彼此气息相通，因为兄弟之间有直接的血缘关系，如同树木一样，同根连枝。只有兄弟间和睦相处才能使自己的家族根深蒂固、枝繁叶茂。再者，兄弟如手足，若手足相残、同室操戈，无论成败如何，都必定会大伤元气。历史上兄弟反目的惨痛教训并不鲜见。

当今社会虽然独生子女家庭所占的比例越来越大，但是尊敬兄长、友爱兄弟的美德并不过时，对于比自己年长的同辈人，这条准则依然具有它的实际效用。因此，人们从小就应该培养这种谦恭礼让的优良品质。从尊敬友爱兄长开始，培养自己的爱心。以友善的态度对待他人，不计个人得失，才能受到别人的欢迎，同时也会感受到他人温暖的回报。

【原文】

首孝悌，次见闻。知某数，识某文。

【译文】

一个人首先要学的是孝敬父母和友爱兄弟的道理，接下来是学习看到和听到的知识。并且要知道基本的算术和数学，以及认识文字，阅读文学。

【评析】

上面的两则故事分别讲了“孝”和“悌”，“黄香温席”是讲“孝”，“孔融让梨”是讲“悌”。“孝悌”是做人的基础，也是做学问的基础。一个人若想在学术上有所建树，首先要学会的就是孝敬父母、善待兄弟，然后才是丰富见闻、积累知识。“弟子入则孝，出则悌，谨而信，泛爱众，而亲仁，行有余力则以学文”，这是教育的内容和顺序，不能倒置，如果第一步的孝悌没有打好基础，后面的知识传授宁可不要进行，否则难免会教出几个满腹经纶的衣冠禽兽，因为没有坚实的品德作基础的教育是不牢靠的，社会上从事高智商犯罪的人多半是违背了这个教育顺序的结果。一个没有学会走路的人去学跑步，其最终的结果必然是摔得鼻青脸肿。

而学习同样是一个循序渐进的过程，“知某数，识某文”，就是要从最简单的算术和认字开始一点一滴的积累。只有掌握了最基本的算术规律和法则，日后才能学习更加高深的数理运算和自然科学；也只有先学会读写最基础的文字，以后才能读懂艰涩深奥的文章，最终才能文思泉涌、下笔千言。因此，打好基础是迈向成功的第一步，无根的花木是长不成参天大树的。

【原文】

一而十，十而百。百而千，千而万。

【译文】

我国采用十进位算术方法：一到十是基本的数字，然后十个十是一百，十个一百是一千，十个一千是一万……一直变化下去。

【评析】

此句承接上文的“知某数”，中国的计数方式采用十进制，一到十看来很简单，但变化起来却无穷尽，一是数字的开始，十个十是一百，十个百是一千，十个千是一万，如此累积上去，便可以无穷无尽。

数学作为各门自然科学的基础，是看起来最简单，实则是最深奥的，数学是基础科学的基础，没有对数的研究，人类就无法认识宇宙的规律。不要小看这些简单的数目，它们当中蕴含着无穷的能量，因为它用最简单的数字符号系统，概括了宇宙的复杂性，使人类彻底更新了自己的生存手段和生存能力。几乎各个科学门类都离不开数学，所以必须认真地从简单的数目学起，为将来学习其他知识打好基础，也为自身认识自己、认识自然、认识宇宙准备好最强有力的武器。而要掌握好这门深奥的学问就要从最简单的“1+1”开始学起。

【原文】

三才者，天地人。三光者，日月星。

【译文】

什么叫“三才”？“三才”指的是天、地、人三个方面。什么叫“三光”呢？“三光”就是太阳、月亮、星星。

【评析】

大千世界纷繁芜杂，人类要怎样才能更好地认识它，看清它的本来面目呢？那就要从最基本的开始学起，只要抓住了事物的总纲就不难理清它的头绪了。世界虽然很大，但是万物却有它的主宰，这就是“天”、“地”、“人”，此三才者便囊括了宇宙万物、芸芸众生。“天”指的是万物赖以生存的空间，包括日月星辰运转不息，四季昼夜更替不乱，风霜雨雪应时而生，这些都是宇宙万物变化的自然规律；“地”是指万物借以生长的地理条件和各种物产，是自然规律作用的物质对象；“人”是万物之灵，是自然规律和物质对象的掌握者，人也只有顺天地化育万物，才能使天地万物生生不息。

而在人类还没有发明各种照明设施之前，作为原初的光明来源就只有“日月星”，它们为人类的远祖和各种生物带来了光明，也带来了生机。因此，这三者不仅是人之“三光”，更是天之“三宝”。当然人也有“三宝”，那就是“精气神”。人类作为宇宙的灵长、万物的主宰，应该学会用己之“三宝”去掌握天之“三光”，并将宇宙“三才”的智慧发挥

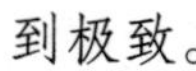

到极致。

【原文】

三纲者，君臣义，父子亲，夫妇顺。

【译文】

什么是“三纲”呢？“三纲”是人与人的关系应该遵守的三个行为准则，就是君王与臣子的言行要合乎义理，父母子女之间要相亲相爱，夫妻之间要和顺相处。

【评析】

古人讲究“三纲五常”，纲常不乱才能保持和谐的人际关系。在这里讲的便是“三纲”，“君臣”、“父子”、“夫妇”是“三纲”的主体，也是封建社会的主体。在封建礼教的规范下，“君为臣纲，父为子纲，夫为妻纲”，每个人都应认清自己所处的地位，人人从我做起，君义臣忠，父慈子孝，夫义妇顺，才能天下太平、国泰民安。在古代，这“三纲”对维护封建秩序也确实起到了巨大的作用。

当然，作为封建社会的行为准则，它显然已经过时了，现代人应该取其精华弃其糟粕，对其做出新的理解和诠释以作为自己的行为规范。首先，“君臣义”这一条是应该被剔除的，因为它是为了满足封建君王的统治需求提出来的，在民主社会中政权的拥有者是人民群众，作为权力行使者的人民公仆们要明白自己手中的权力是人民赐予的，应该利用它更好地为人民服务；其次，“父子亲”，这当然是必要的，“父慈子孝”是传统美德，父子和睦是家庭幸福的基石，现代人同样应该秉承这一优良传统；最后，“夫妇顺”，男女平等，夫妻在家庭中的作用都是不可替代的，因此若抛弃“夫为妻纲”的旧观念，这一条自然是成立的，夫妻和顺当然是家庭美满、事业成功的有力保障。

【原文】

曰春夏，曰秋冬，此四时，运不穷。

【译文】

春、夏、秋、冬叫作四季，这四个季节不断变化，春去夏来，秋去冬来，如此循环往复，永不停止。

【评析】

四季变化是大自然规律作用的结果，是由地球绕太阳的公转引起的。一年之中春、夏、秋、冬四季各有特色，循环运转，永不止息。古人虽然不了解“地球”、“公转”、“自转”这些现代的科学名词，也不了解四季产生的根本原因，但是却能根据四季的变化总结出一套适合自身耕作的规律，并且制定了一套完整的“二十四节气表”。同时中国的历法也是当时世界上最先进、最人性化的，因为它是根据天体的运行和人们的耕作习惯制定出来的，而且直到今天依然适用。中国的历法，五日为一候，三候为一气，六气为一时，四时为一岁。人们根据四时的变化春耕、夏耘、秋收、冬藏，根据农历节气播种、收获。由此，我们不得不钦佩自己老祖宗的智慧和创造力。

四季的变化有其自身的规律，我们的祖先在不懂现代科学的情况下，尚能根据自己敏锐的观察力将四时安排得如此妥当。在科技快速发展的今天，现代人不仅能够懂得四季的来历、掌握它的规律，更能预测天气的变化。因此更应该利用这些有利的条件为各行各业提供方便，为子孙后代造福。

【原文】

曰南北，曰西东，此四方，应乎中。

【译文】

东、南、西、北，叫作“四方”，是指各个方向的位置。这四个方位，必须有个中央位置对应，才能把各个方位定出来。

【评析】

“四方”为“东”、“南”、“西”、“北”，中国人最早发明了能指示四方的“司南”，也就是今天的指南针。当然，这所谓的“四方”是相对而言的，它需要一个中心点才能成立，东、西、南、北四个方位是和中心点相对应的，没有了这个中心点便不能定出方向。因为地球本身是圆的，并不存在“四方”之说，东南西北是人类臆设的方向坐标，茫茫太空之中哪里有什么方向可言？所以，“四方”只是人们的一种假设。然而，作为宇宙中渺小的人类是需要为自己定一个方向的，生活中很多事情都需要方向作为人们的指引，比如说航海，比如说探险，比如说进入一个陌生的环境。因为没有方向感的人同时也是没有安全感的。人如果失去了方向就会迷路，生活若是失去了方向就会堕落。

因此，人类的生活需要方向。而“四方”的确立同时又是以自我为中心点和平衡点的，也只有以自我为中心去定位，才能找准具体的方向，如果没有中心，就没有东西南北，中心一确定，四方的概念就出来了，中心移动，方向也跟着改变。

所以，古人才说“曰南北，曰西东，此四方，应乎中”。

【原文】

曰水火，木金土，此五行，本乎数。

【译文】

说到“五行”，那就是金、木、水、火、土。这是中国古代用来指宇宙各种事物的抽象概念，是根据一、二、三、四、五这五个数字组合变化而产生的。

【评析】

“五行”是古人根据自然界中各种物质构成的特点总结出来的，中国人认为物质都是由金、木、水、火、土五种元素组成的。因此，国人认为在天为“五星”，在地为“五行”，在人为“五经”，也就是人的五脏。“五行”相生相克，金生水，水生木，木生火，火生土，土生金；金克木，木克土，土克水，水克火，火克金。而五行生克制化的原理都是“本乎数”，是天地自然之数理，由简而繁是数理变化的规律，也是构成万物多样化的规律。中国人将其作为物质的本原是一种朴素唯物主义的哲学观点，也不是全无道理可言的。

当然，“五行”包含了很深的哲学道理，由它而推出的数理逻辑也是非常复杂和烦琐的，它也已经作为一种学术问题被科学家们拿来做了深入的研究，因此几句简单的话并不能将其说清。在这里，人们只需要知道它是我们祖先智慧的结晶，掌握它的基本内容就可以了。若要对其进行深入的了解和研究，还需要人们不断完善自己的知识体系，以发掘其中更加深奥的哲理和数理关系。

【原文】

曰仁义，礼智信，此五常，不容紊。

【译文】

如果所有的人都能以仁、义、礼、智、信这五种不变的法则作为处事做人的标准，社会就会永葆祥和，所以每个人都应遵守，不可怠慢疏忽。

【评析】

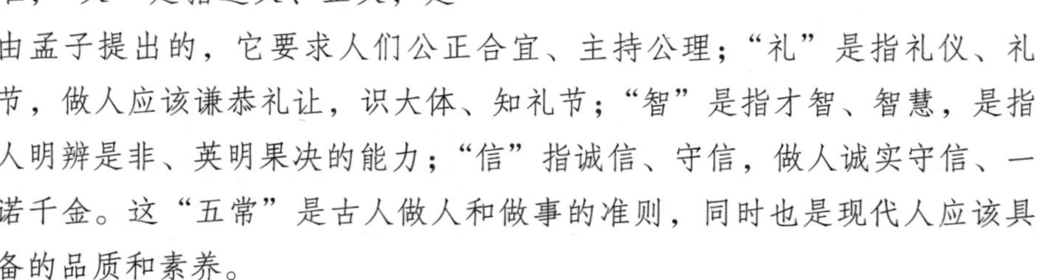

“仁、义、礼、智、信”是“三纲五常”中的“五常”。这些都是儒家思想的基本内容和总的纲领。“仁”是指仁爱之心、爱人利物，最早是由孔子提出的，也是儒家思想的最高道德标准；“义”是指道义、正义，是由孟子提出的，它要求人们公正合宜、主持公理；“礼”是指礼仪、礼节，做人应该谦恭礼让，识大体、知礼节；“智”是指才智、智慧，是指人明辨是非、英明果决的能力；“信”指诚信、守信，做人诚实守信、一诺千金。这“五常”是古人做人和做事的准则，同时也是现代人应该具备的品质和素养。

仁、义、礼、智、信，不仅是做人的准则，更是维系人与人之间关系的桥梁。只有每个人自觉遵守，不懈怠、不疏忽，才能保证社会生活的有序进行。虽然在现代社会生活中，随着时代的发展新的道德规范也在不断地成熟和完善，人们的观念和道德标准也在不断地发生着变化，但是作为传统文化和道德的精髓，“五常”之说依然符合时代发展的要求，因为高速的发展更需要高尚的道德观作为坚强的后盾。而在道德观逐渐淡化的今天，人们当然更需要对这一行为规范的继承和加强，如此才能使人们的精神境界得到升华，跟上时代发展的步伐。

【原文】

稻粱菽，麦黍稷，此六谷，人所食。

【译文】

人类生活中的主食大多来自植物，像稻子、高粱、豆类、小麦、黍米和谷子，这六种谷物是我们日常生活的重要食品。

【评析】

稻、粱、菽、麦、黍、稷，此“六谷”是古人日常生活中维持生存需求的食粮，当然其中绝大部分也是现代人食用的主食。只是，现代人尤其是生活在城市之中的现代人平常吃到的大都是成品，已经很少有人知道“六谷”原来的名称，更不用说辨别“六谷”的本来面目了。俗话说“四体不勤，五谷不分”，没有生活实践自然缺乏生活经验。当然“五谷不分”也不全都是“四体不勤”的缘故，社会分工越来越细，人们各司其职，对于本职范畴以外的事物缺乏了解也是情有可原的，再加上中国地大物博，各地气候、风俗、民情不同，主食也各不相同，不了解也是很正常的。

但是，作为一个衣食富足的现代人，应该更加懂得“一粥一饭当思来之不易，半丝半缕恒念物力维艰”的道理。每一个人都希望自己的劳动成果得到他人的肯定和珍惜。虽然，现代农业已经告别靠天吃饭的自然经济时代生产模式，农业科技的发展使得农民的工作不再像过去那样繁重。但是，农业依然是一种生产周期最长的体力劳动，需要经过漫长的春耕、夏耘、秋收、冬藏，而每一个环节都倾注了农民兄弟的心血。所以，爱惜每一粒粮食依然是人们需要发扬的优良品德。

【原文】

马牛羊，鸡犬豕，此六畜，人所饲。

【译文】

马、牛、羊、鸡、狗和猪，叫作六畜。这些动物和六谷一样本来都是野生的。后来渐渐被人们驯化后，才成为人类日常生活的必需品。

【评析】

“六畜”是自然经济条件下的产物，农业社会人们饲养“六畜”作为农业的副产品。“马牛羊，鸡犬豕”作为家畜，在中国已经具有十分悠久的历史，据说在上古时代就已经开始了。传说伏羲氏是最早驯服“六畜”的人，他教初民们饲养捉来的野生马、牛、羊、鸡、犬、猪，同时使它们不断繁殖。“六畜”与人类关系可谓密切，马可负重至远，牛能运货耕田，羊有跪乳之恩，鸡有报晓之功，犬有守夜之义，猪有庖厨之用，它们各司其职、服务于人，成为人类生活中不可缺少的一部分。

当然，现在已经很少有人再去饲养“六畜”，即使在农村，“六畜”齐全的家庭也非常罕见。人类远离了蒙昧的洪荒时代，告别了落后的封建社会，“六畜”也随着时代的发展逐渐淡出了历史的舞台。即使今天人们仍能看到这六种家畜，它们也已经不再是以原来的作用和面貌呈现了，大部分的六畜已经作为庖厨之用，成为人类生活中的盘中餐，而且多是大规模的单一饲养方式。即便如此，人们多一些对这些昔日功臣的了解还是必要的，毕竟它们还是人类生活中重要的组成部分。

【原文】

曰喜怒，曰哀惧，爱恶欲，七情俱。

【译文】

高兴叫作喜，生气叫作怒，伤心叫作哀，害怕叫作惧，心里喜欢叫爱，讨厌叫恶，内心贪恋叫作欲，合起来叫七情。这是人生下来就有的七种感情。

【评析】

人有七情六欲，喜、怒、哀、惧、爱、恶、欲，这些是人类都具备的七种情绪，它们是与生俱来的，谁也不可能将其抹杀。也正是因为有了这“七情”人才可以称之为人，它是人与动物相区别的重要标志。“七情”是人心意的变化，是因心有所感，性有所动，感而后发所表现出来的心理活动。因此，对于“七情”人们没有必要过分压抑，过分压抑的结果不是让自己变得无情，就是使人格扭曲、精神崩溃。人们应该正视自己的情感需求，适度的发泄有利于保持身心的健康。

当然，这里所说的情感发泄是有原则的，正如《菜根谭》中所说："心体便是天体。一念之喜，景星庆云；一念之怒，震雷暴雨；一念之慈，和风甘露；一念之严，烈日秋霜。何者少得，只要随起随灭，廓然无碍，便与太虚同体。"人的心体如同大自然一样需要宣泄的空间，才能没有郁积，但其中的关键是"随起随灭，廓然无碍"，也就是说情绪的发泄不能是无节制的，人应该学会调节自己的各种情绪。那些有智慧、有修养的人都能够对自己的"七情"作适当的调节控制，不受情绪所左右。因此，人们不仅要正确面对自己的情绪，还要懂得如何去做情绪的主人，这样才能成为一个成功的人。

【原文】

匏土革，木石金，丝与竹，乃八音。

【译文】

我国古代人把制造乐器的材料，分为八种，即匏瓜、黏土、皮革、木块、石头、金属、丝线与竹子，称为"八音"。

【评析】

这是说中国古代演奏音乐的八种乐器，最早具体提出"匏土革，木石金，丝竹"的八音分类方法的是《周礼·春官》。"匏"指匏瓜，是一种瓜类，晒干后可制成笙、竽等乐器；"土"即黏土、陶土，可制成埙；"革"指皮革，可制成皮鼓；"木"是指木制乐器，包括木鱼、梆子、拍板、柷和敔等；"石"指石类乐器，有石磬；"金"是金属类乐器，包括钟、铃、锣、钹、铙等；"丝"是指用蚕丝、丝线作弦制成的乐器，包括琴、瑟、筝等；"竹"是指用竹管制成的笛、箫等乐器。"八音"即表示这八种不同材质的乐器。

音乐可以愉悦人的性情，《尚书·尧典》中说："诗言志，歌咏言；声依咏，律和声。八音克谐，无相夺伦，神人以和。""八音"可以调和身心，同时“乐”和“礼”又是相辅相成的，所以中国的“礼乐”是不分家的。《三字经》作为一部儒家思想的通俗读本，之所以将“八音”的内容列入其中，正是因为儒家传统讲究“礼乐”治国，注重音乐的政治效果。不仅有“移风易俗，莫善于乐”之说，更有“治世之音安以乐，乱世之音怨以怒，亡国之音哀以思”以及“无乐不和”的说法，音乐的巨大作用由此可见一斑。

【原文】

高曾祖，父而身，身而子，子而孙。

【译文】

由高祖父生曾祖父，祖父生父亲，父亲生我本身，我生儿子，儿子再生孙子。

【评析】

中国人的家族观念自古以来就很强烈，家庭出身对于每一个人来说似乎都显得十分重要，因为对于自己生命的出处和来历是人类共同关心的话题。就好像对于祖国光辉历史的自豪感一样，家族的兴衰荣辱同样牵动着每一个成员的心。而中国家族的形成又有着自己的特征，以自身为中心，往上数可以数到四代“高、曾、祖、父”，往下数又有四代“子、孙、玄、曾”，加上自己正好是九代，也就是常说的“九族”。九代当中又各有兄弟，形成一个发散式的庞大整体，所以“九族”几乎代表了整个家族，因此，古代刑法最重的罪名莫过于“诛九族”，因为“九族”同诛无疑是将整个家族连根拔起、全部铲除了。

当然，现代社会不会再出现这种连累无辜的“诛九族”的罪责，但是人们对于家族的顺承关系还是应该多一些了解的，因为我们每个人都担负着承上启下的责任和义务。虽然已是“前不见古人，后不见来者”，而且有一天自己也终将变成“后来者”的“古人”，但是生命本身就是这

样一个传承的过程，人类的繁衍，一代接着一代，生命的延续永无止境。每个人都要经历这样的过程，而对于自己家族的贡献，是否能成为后代尊敬和瞻仰的对象，就要看现在付出多大的努力了。

【原文】

自子孙，至玄曾，乃九族，人之伦。

【译文】

由自己的儿子、孙子再接下去，就是玄孙和曾孙。从高祖父到曾孙称为“九族”。这“九族”代表着人的长幼尊卑秩序和家族血统的承续关系。

【评析】

此句承接上文而来，上文已经对“九族”做了一个简单的概括和交代。“九族”代表了一个家族，更代表了人与人之间的伦常关系。自上而下、长幼有序，是不容混淆和颠倒的。“九族”代表的是与自己关系最为密切的直系血亲，因此，它不仅是血统的承续关系，更是一种血浓于水的亲情。“族者众也，伦者序也，尊卑长幼，定而不乱，才能天下太平”，在家庭中，每个成员都应该认识到自己的长幼尊卑地位，以及自己应负的责任和义务，如此家庭才能和睦。而亲情作为各种情感中最稳定的因素，它不仅是维系家庭成员关系的纽带，更是人在失意时最坚强的后盾和最坚固的堡垒。

所以，人们不仅要了解和认识“九族”的组成和关系，还要学会如何更好地去维护这种关系。继承家族的优良传统，维护家族的整体利益，促进家族的和睦相处，是每个成员都应负起的责任。现代人虽然已经很难了解到自己“九族”的全貌，但是家族的荣誉感和自豪感不应该磨灭，对于祖先留下的宝贵财富应该学会珍惜、继承和发扬，从而将其更加完美地展现在后代面前。

【原文】

父子恩，夫妇从，兄则友，弟则恭。

【译文】

父亲与儿子之间要注重相互的恩情，夫妻之间的感情要和顺，哥哥对弟弟要友爱，弟弟对哥哥则要尊敬。

【评析】

这里开始讲“五伦十义”，“五伦”包括君臣、父子、夫妇、兄弟、朋友，这五者又都是一体两面，从而形成“十义”。此段首先从家庭方面入手，分析父子、夫妇、兄弟之间应该呈现一种什么样的状态。

“父子恩”，就是要父慈子孝，子女是父母生命的延续，因此对子女关爱备至是理所应当的；而父母对子女有养育之恩，子女孝敬父母更是天经地义，赡养父母是每一个做子女应尽的义务。“夫妇从”，就是夫和妻顺，夫妻在家庭生活中是作为一个整体存在的，《论语》中说“夫唱妇随，妇唱夫随”。夫妻之间的生活目标是相同的，只有步调一致才能顺利地到达目的地，也只有举案齐眉、相敬如宾才能保证家庭的和谐。“兄则友，弟则恭”，就是兄友弟恭，作为血缘关系最近的亲人，民间有“做兄弟，有今生没来世”的说法，兄弟只有一世的缘分，所以应该珍惜，前世今生这种说法虽然是无稽之谈，但是兄弟之间和睦相处、同气连枝却是必要的。

一个家庭的和乐美满来自于父子、夫妻、兄弟之间的共同努力，任何一个环节出现了问题都会打破原来的平衡，而作为构成社会的细胞，如果家庭关系是破裂的，那么社会也必将到处充满不安定的

因子，和谐与发展又从何谈起呢？

【原文】

长幼序，友与朋，君则敬，臣则忠。

【译文】

年长的和年幼的交往要注意长幼尊卑的次序，朋友相处应该互相讲信用。如果君主能尊重他的臣子，官吏们就会对他忠心耿耿了。

【评析】

上面所说的是“五伦”中的家庭因素，这里要谈到的则是其中的社会因素。一个人的生存和生活除了自己的家庭外，更加离不开广阔的社会空间。而社会有社会的生存法则，人若想在社会生活中左右逢源、游刃有余，就要按照它的规则行事。在社会中最重要的两种关系就是“朋友”和“君臣”。“友与朋”自然指的是朋友间的关系，朋友是一个人在社会生活中不可或缺的重要部分，要维系好朋友间的关系就要做到朋信友义，若想获得真正的友谊就要以诚相待，朋友之道讲究“信”与“义”二字，彼此推心置腹，诚信有义，才能成为真正的知己。“君则敬，臣则忠”说的是君臣之间的关系，现代社会虽然已经没有了所谓的“君臣”，但是这里仍不妨将它看成一种上下级或者老板与员工之间的关系，做领导的要尊重自己的下属，只有对下属的人格和劳动发自真心的尊重才能得到部下的衷心回馈；做下属的要忠于自己的本位，只有尽职尽责做好自己的本职工作才能获得上司的认可和重用。

人在社会中最主要的就是这两种人际关系，要处理好它们其实并不难，只要能够做到真心做人、真心做事，一切看似复杂的难题都会迎刃而解。

【原文】

此十义，人所同。

【译文】

前面提到的十义：父慈、子孝、夫和、妻顺、兄友、弟恭、朋信、友义、君敬、臣忠，这是人人都应遵守的，千万不能违背。

【评析】

前面的“五伦”分解开来就是“十义”，也就是父慈、子孝、夫和、妻顺、兄友、弟恭、朋信、友义、君敬、臣忠。这十条原则是处理各种相互关系的准则，每一个人都要遵守奉行，也只有对这些原则遵守奉行才能使自己的人生道路更加顺畅，才能使自己的生活更加幸福安康。

人在自己的人生舞台上，演绎着自己的生活，父、子、夫、妻、兄、弟、朋友、君、臣，无论站在哪一个位置，都要扮演好自己的角色。而要扮演好自己的角色，就要首先认清自己所处的位置、找准自身的角色定位，然后将心比心、推己及人，才能更加深刻地了解自己肩上所负的责任，从而将自己的人生导演得更加精彩。

而文中的“十义”正是帮助人们寻找自己定位的标准。它能够帮助人们维持家庭和社会的各种关系。时至今日，这十条准则仍是维持社会安宁、推动社会发展强有力的保证。

【原文】

凡训蒙，须讲究。详训诂，明句读。

【译文】

凡是教导刚入学的儿童的老师，必须把每个字都讲清楚，每句话都要解释明白，并且使学童读书时懂得断句。

【评析】

对于孩子的启蒙教育必须十分重视，在开始读书的时候必须打下一个良好的基础，底子打不好、基本功不扎实，今后的造诣就会受限制。所以，这里说“凡训蒙，须讲究”。刚入学的小童大多还没有受过系统的教育，思考问

题的方式还没有定型，思想如同一张白纸，有很强的可塑性。也正是因为如此，作为一个启蒙教育者肩上所要承担的责任才越重。在白纸上作画固然容易，但是每画上一笔便很难再抹去，所以作为一个有责任感的教师在自己的教育方法上一定要慎重，采取正确的教育方法和教学理念，使孩子从一开始就得到正确的指导。

而在传统教育中最基本的教育方法就是“详训诂，明句读”。因为读书是从认字开始的，只有掌握了最基本的语言文字才能对各个学科进行更深入的学习。因此，对于字句的考证和解释一定要讲解正确、详细，不要使学生存在疑问。古人的文章是没有标点的，因此，教育的另一个重要内容就是搞清楚文章的句读，句读不清就没有办法读懂文章，更无法领会其中的内涵。今天，人们虽然不用为句读的问题烦恼，但是正确划分文章的内容，读懂文章的内涵依然是十分必要的。对于训蒙者和初学者来说这两条在当今的教育中依然至关重要。

【原文】

为学者，必有初。《小学》终，至“四书”。

【译文】

作为一个学者，求学的初期打好基础，把《小学》的知识学透了，才可以读“四书”。

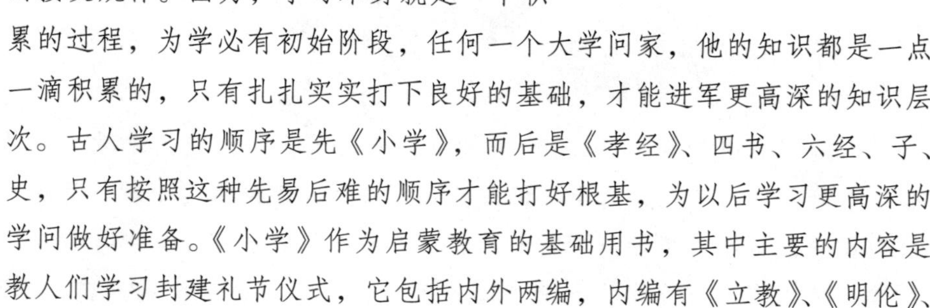

【评析】

古人读书讲究循序渐进，先从最基本的开始学起，然后由易而难一步一步地加深学习的内容和难度，这符合人类对知识的接受规律。因为，学习本身就是一个积累的过程，为学必有初始阶段，任何一个大学问家，他的知识都是一点一滴积累的，只有扎扎实实打下良好的基础，才能进军更高深的知识层次。古人学习的顺序是先《小学》，而后是《孝经》、四书、六经、子、史，只有按照这种先易后难的顺序才能打好根基，为以后学习更高深的学问做好准备。《小学》作为启蒙教育的基础用书，其中主要的内容是教人们学习封建礼节仪式，它包括内外两编，内编有《立教》、《明伦》、

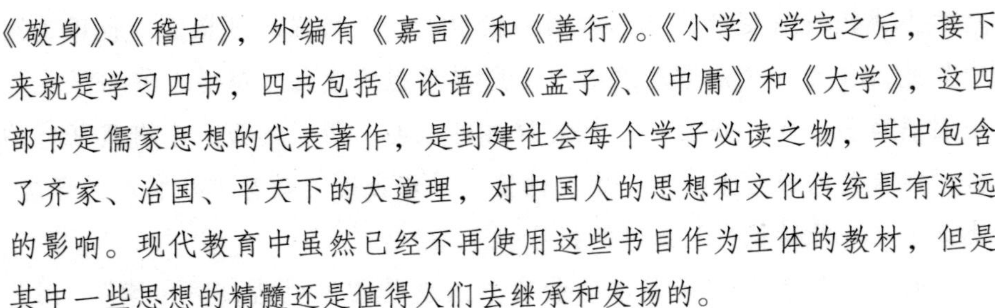

《敬身》、《稽古》，外编有《嘉言》和《善行》。《小学》学完之后，接下来就是学习四书，四书包括《论语》、《孟子》、《中庸》和《大学》，这四部书是儒家思想的代表著作，是封建社会每个学子必读之物，其中包含了齐家、治国、平天下的大道理，对中国人的思想和文化传统具有深远的影响。现代教育中虽然已经不再使用这些书目作为主体的教材，但是其中一些思想的精髓还是值得人们去继承和发扬的。

【原文】

《论语》者，二十篇；群弟子，记善言。

【译文】

《论语》这本书共有二十篇，是孔子的弟子们，以及弟子的弟子们，记载的有关孔子言论的一部书。

【评析】

儒家思想是中国传统文化的核心，是中国人思想的根基，从汉武帝“罢黜百家，独尊儒术”开始，贯穿了整个封建时代，两千多年来一直统治着中国社会，融入了社会生活的各个方面。因此想了解中国传统文化，就必须首先了解儒家思想，而要了解儒家思想，就不能不了解孔子的思想，孔子是我国古代伟大的思想家和教育家，是儒家思想的开创者和代表人物。想要了解孔子的思想，最佳的途径就是阅读《论语》。

作为四书中的第一部，《论语》是孔老夫子教学传道的记录，一共有二十篇，内容是孔子的学生记载圣人的言行，谈论为人处世与为政行仁的言论，其核心是如何“做人”以及“做人”的道理。其中既有孔子与学生的对话，也有学生之间的相互问答，是语录体散文的典范。《汉书·艺文志》中说："《论语》者，孔子应答弟子、时人及弟子相与言而辑而纂，故谓之《论语》。"这本书以精练简洁的语言来表现为人处世的深刻道理，言简意赅，耐人寻味。

作为儒学经典，《论语》所反映出的思想同样体现着中国人的传统文化观，尽管时代已经发生了变化，但是儒家思想似乎已经变成了一种遗传基因流进了国人的血液中，通过对《论语》的学习能够帮助人们更加了解自己，发现自身曾被忽略的精神特质。

【原文】

《孟子》者，七篇止；讲道德，说仁义。

【译文】

《孟子》这本书，共分七篇。内容是有关品行修养、发扬道德仁义等优良德行的言论。

【评析】

孟子，名轲，世称"亚圣"，是孔子的三传弟子，是战国中期的大学者，是我国古代的大思想家、儒家思想的代表。孟子继承并发展了孔子的思想，其学说主张仁义道德、"性善论"、"法先王"，其思想核心是"义"。"鱼我所欲也，熊掌亦我所欲也，两者不可得兼，舍鱼而取熊掌者也；生我所欲也，义亦我所欲也，两者不可得兼，舍生而取义者也"便体现了他的为人和"义"的思想主张。他曾周游齐、宋、滕、魏等国，试图说服诸国君王接受道德仁义的政治主张，但均因其学说"远水不解近渴"而不被采纳。故此晚年去齐回国，专心从事学术研究和培养学生的工作，也使儒家思想得以继续保存和发扬光大。

《孟子》这部书集中体现了孟子的思想，本书共有七篇，每篇分为上下两编，记录了孟子的言行和政治主张，是由其学生万章与公孙丑等整理而成。此书行文流畅，文意贯通，文采飞扬，说理透彻，有条不紊，以铺张扬厉的气势阐述治国之道和为人之理。其学说虽然在战乱纷纭的战国时期未被采纳和接受，但是其崇尚王道、排斥霸道，以仁义治天下的思想主张却成为整个封建社会统治者的治国法宝，像一面镜子一样印证着王朝的更替和历史的兴衰。

【原文】

作《中庸》，子思笔。中不偏，庸不易。

【译文】

作《中庸》这本书的是孔伋，“中”是不偏的意思，“庸”是不变的意思。

【评析】

《中庸》是由孔伋所著，孔伋既是孔子的孙子，又是孔子思想的继承者。因此，此书反映的仍然是正统的儒家思想。《中庸》与后面将要提到的《大学》原本只是《礼记》中的两篇文章，后由南宋朱熹将之抽出来，与《论语》《孟子》合在一起，称为四书。《中庸》是关于人生哲学的一本书，它对中国人的人生观影响很大，人们在为人处世上所推崇的“中庸之道”便是受了此书的教化。“中不偏，庸不易”的主张已经成为了中国人待人接物的行为准则。

中庸思想告诫人们做事要不偏不倚，不走极端，凡事都要适度，不要越轨。所谓“过犹不及”，事情做过了不仅达不到预期的目标，有时还会带来负面的影响，甚至为自己带来意想不到的灾难。因此，保持“中庸”的做事风格才不会出现大的错误，才能使事情顺利进行。

做事是如此，做人更是如此。“中庸”让人最先联想到的就是“平庸”，中庸的人往往是平凡的人、普通的人。可是伟大却正是蕴藏于

平凡之中的，也只有平庸才能长久，这是宇宙间的基本法则。当然，中庸并不等于自甘堕落、无所事事，“中庸”是一种做人的心态，时刻保持一颗平常心才能使自己的生活健康快乐。

【原文】

作《大学》，乃曾子。自修齐，至平治。

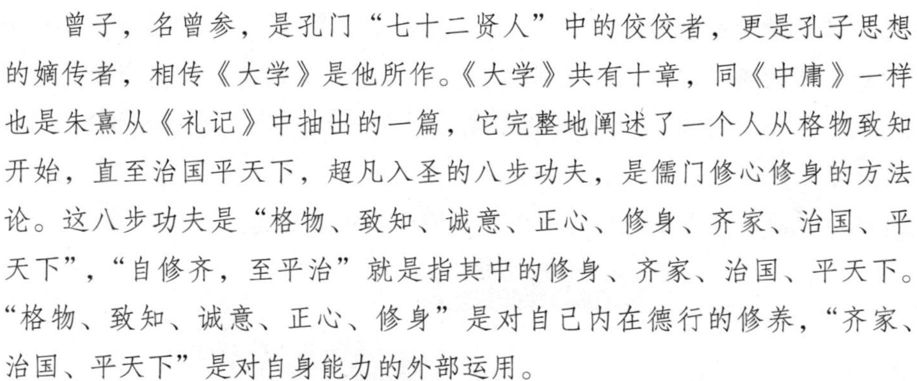

【译文】

作《大学》这本书的是曾参，他提出了“修身齐家治国平天下”的主张。

【评析】

曾子，名曾参，是孔门“七十二贤人”中的佼佼者，更是孔子思想的嫡传者，相传《大学》是他所作。《大学》共有十章，同《中庸》一样也是朱熹从《礼记》中抽出的一篇，它完整地阐述了一个人从格物致知开始，直至治国平天下，超凡入圣的八步功夫，是儒门修心修身的方法论。这八步功夫是“格物、致知、诚意、正心、修身、齐家、治国、平天下”，“自修齐，至平治”就是指其中的修身、齐家、治国、平天下。“格物、致知、诚意、正心、修身”是对自己内在德行的修养，“齐家、治国、平天下”是对自身能力的外部运用。

曾子主张“大学之道，在明德、在亲民、在止于至善。知止而后有定，定而后能静，静而后能安，安而后能虑，虑而后能得。物有本末，事有终始，知所先后，则近道矣”。修身养性必须按照顺序来不能颠倒，要想“齐家、治国、平天下”，必须先从修炼完善自身开始做起，最重要的是先修己心，使自己达到内圣的标准，然后再修身、齐家。如果有机会来治理国家，为大众服务，便能以德服人、游刃有余，否则就算送一个“天下”给你治理，恐怕也会因为自身的修养不够而搞得天下大乱。

【原文】

《孝经》通，四书熟。如“六经”，始可读。

【译文】

孝经的道理弄明白了，把四书读熟了，才可以去读六经这样深奥

的书。

【评析】

《孝经》是儒门十三部经典里面的第一部，共十八章，《孝经》是曾子问孝，孔子回答，曾子退而与弟子们研究讨论，再由弟子们整理而成的，是一部阐明封建孝道、宣传儒家宗法思想的书。《汉书·艺文志》上说："夫孝天之经、地之义、民之行也，举大者言，故曰孝经。"

书有深浅难易的区分，读书必须从浅易的开始读起，奠定求知、做人、处世的基础，再进一步学习更深奥的知识。先将《孝经》读通，再去学习其他的知识，这是按照"首孝悌，次见闻"的教学顺序走下来的。要把《孝经》这一部书的道理，都融会贯通，再读四书，明白做人处世的道理，并且有了学问的基础，然后才能研究六经这些深奥的典籍。同时，若想学古先学做人，"心地干净，方可读书学古"，否则难免会成为知识渊博的害群之马。古人求学，先读《孝经》的目的就是为了先学会做人，因为恪守孝道是做人的基础，对父母尽孝是人生学习的第一课，只有孝的种子扎了根，善的幼苗才能茁壮成长，也才能使自己明心见性，这之后再读书学古便能领会书中的真谛而不被表面的东西所左右。

【原文】

《诗》、《书》、《易》，《礼》、《春秋》，号六经，当讲求。

【译文】

《诗》、《书》、《易》、《礼》、《春秋》，再加上《乐》称六经，这是中国古代儒家的经典，应当仔细阅读。

【评析】

六经包括《诗》、《书》、《易》、《礼》、《乐》、《春秋》六部儒家经典。其中《诗》指《诗经》，是我国第一部诗歌总集；《书》指《书经》又称《尚书》，是中国第一部历史文献；《易》指《易经》，包括《连山》、《归藏》、《周易》；《礼》指《礼记》，是中国第一部文化资料汇编；《乐》指《乐经》，原书已散佚，但其中精华已融入其他五经中；《春秋》是我国第一部编年体史书。这六部经书从不同的角度，以不同的形式阐发了儒家思想。虽然表现形式和写作内容不同，但是它们的精神内涵却是融会贯通的，拥有共同的思想体系。

六经分别从艺术、历史、哲学、科学、宗教、制度、文化等不同的视角对儒家思想进行生发，内容丰富庞杂，包罗了社会生活的各个方面，

具有珍贵的史料价值。想要研究中国古代传统文化，就不能不研究六经。即使不是为了研究文化，单从增长见闻、丰富知识、提高素养方面，对人的身心也是大有裨益的，是值得人们静下心来仔细研读一番的。作为一个中国人，应从自己民族的传统文化中汲取营养，了解古人的智慧和伟大，并为祖先留下如此丰厚的文化遗产而感到骄傲和自豪。

【原文】

有《连山》，有《归藏》，有《周易》，三《易》详。

【译文】

《连山》、《归藏》、《周易》，是我国古代的三部书，这三部书合称“三易”，“三易”是用“卦”的形式来说明宇宙间万事万物循环变化的道

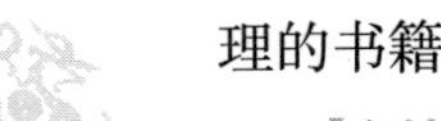

理的书籍。

【评析】

《易经》包括《连山》、《归藏》、《周易》三部著作，《连山易》相传为上古的伏羲氏所作，《归藏易》则相传是由黄帝所作，《连山易》和《归藏易》早已失传，如今流传下来的只有《周易》一种，是经周文王姬昌整理过的，因此称为《周易》。《周易》通过象征天、地、雪、风、水、火、山、泽八种自然现象演绎成八卦的形式，并以此来推测自然和命运的变化，说明宇宙间万事万物循环变化的道理。

《易经》虽是我国古代人占卜的书，但它并不消极和迷信，在它的第一卦"乾卦"的第一篇卦辞中就说到"天行健，君子以自强不息"，后面还有"地势坤，君子以厚德载物"、"云雷屯，君子以经纶"、"君子藏器于身，待时而动"等，可见它的主导思想是积极而乐观的。并且它当中阐述了极为深奥的哲学道理，具有无法估量的学术价值。因此，才有孔子"五十以学《易》"，乃至"韦编三绝"的故事。孔子从哲学的角度重新理解和讲述《周易》，为人们对《易经》的研究开辟了一条新的途径。从此之后，人们便从宗教、哲学、社会、数学等不同的方面对其进行探索和发掘，并且都取得了丰硕的成果。因为，它仰观天文，俯查地理，究天人之际，通万物之情，绝非单纯的占卜问卦所能概括。

【原文】

有《典》《谟》，有《训》《诰》。有《誓》《命》，《书》之奥。

【译文】

《书经》的内容分六个部分：一典，是立国的基本原则；二谟，即治国计划；三训，即大臣的态度；四诰，即国君的通告；五誓，起兵文告；六命，国君的命令。

【评析】

《尚书》之中收录了六大类、五十八篇文章，包含典、谟、训、诰、誓、命六个部分，从内容方面来看，很类似我们现在国家的政府档案。典：常也，即文献经典，如《尧典》、《舜典》等；谟，谋也，是大臣献上的计策，如《大禹谟》；训，诲也，是大臣对君主劝谏的言辞，如《伊训》；诰，即诏，是君主发布的命令和诏书，如《昭告》、《酒诰》等；誓，信也，是指君主出征时宣誓的文告，如《甘誓》、《秦誓》等；命，是统帅所下达的命令，如《微子之命》。从上述内容不难看出《尚书》中记载的多为君国大事，因此历来都被当作珍贵的历史资料。同时，它也被统治者当作起草公文的参照，所以尽管《尚书》中的文章诘据拗牙、深奥难懂，却依然流传了几千年，而且是封建社会学子们的必读之物。

《尚书》是中国第一部历史文献资料，现代人读《尚书》多是为了了解历史。所谓“疏通知远，书教也”。读史的目的是为了懂得人生、懂得政治、懂得过去而知道未来。人读了历史，要能够通达透彻地了解世故人情，要能够疏通知远。因此，《尚书》作为珍贵的历史资料，在今天依然有它的可读性和生活价值。

【原文】

我周公，作《周礼》，著“六官”，存治体。

【译文】

《周礼》为周公所作，其中记载着当时六官的官制以及国家的组成情况。

【评析】

《周礼》为周公所著，周公，姓姬，名旦，是周文王的四子，他德才兼备，武王死后，周公帮助成王辅佐朝政，由于他的贤德，把国家治理得十分富强。周公不但理政治国，还整理了周以前的文化，建典章、定国体，《周礼》就是其中重要的一部著作。《周礼》一书分为“天地春夏秋冬”六章，叙述了周代的政治制度。六官即六卿，包含了天官：吏部大冢宰，地官：户部大司徒，春官：礼部大宗伯，夏官：兵部大司马，

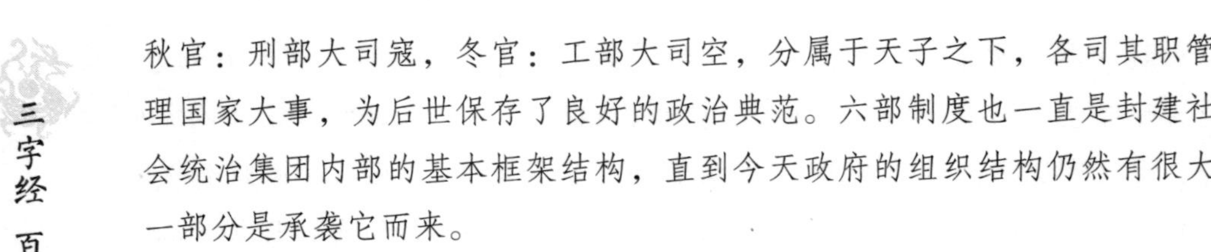

秋官：刑部大司寇，冬官：工部大司空，分属于天子之下，各司其职管理国家大事，为后世保存了良好的政治典范。六部制度也一直是封建社会统治集团内部的基本框架结构，直到今天政府的组织结构仍然有很大一部分是承袭它而来。

《周礼》划分出了政府内部的基本结构，使得各部门能够各司其职、分工合作，以保证国家政治运作得有条不紊。读《周礼》有助于今人加深对我国古代政治体制的了解，也能透过它对现代的国家体制更好地进行完善。

【原文】

大小戴，注《礼记》，述圣言，礼乐备。

【译文】

戴德和戴圣整理并且注释《礼记》，传述和阐扬了圣贤的著作，这使后代人知道了前代的典章制度和有关礼乐的情形。

【评析】

大小戴，是西汉的两位学者，大戴指戴德，小戴指戴圣，两人是叔侄，他们都曾经整理注释过《礼记》，大戴将《礼记》删订为85篇，现在已残缺不全，小戴将其删订为46篇，即为现今留存者，加上后人增补3篇合计为49篇。

其内容完整地保存了古圣先贤的言论，包含各种礼节，其中还有《乐记》一篇，五分十二律等音乐都十分完备，因此文中说“礼乐备”。

《礼记》是战国至秦汉年间儒家学者解释说明经书《仪礼》的文章选集，是一部儒家思想的资料汇编。《礼记》的作者不止一人，写作时间也有先有后，其中多数篇章可能是孔子的七十二弟子及其学生们的作品，还兼收先秦的其他典籍。《礼记》的内容主要是记载和论述先秦的礼制、礼仪，解释《仪礼》，记录孔子和弟子等的问答，记述修身做人的准则，所以才说“述圣言”。其书内容丰富，涉及政治、经济、哲学、教育、社会，乃至医药、卫生等诸多方面。《礼记》是中国文化的精髓，中国的大同思想，就来自其中的“礼运篇”，四书中的《中庸》与《大学》也是出自于《礼记》的两篇文章。《礼记》与《仪礼》、《周礼》合称“三礼”，对中国文化产生过深远的影响，各个时代的人都能从中寻找思想资源。而且它其中很大的一部分对今人行为规范依然有益，因此，现代人学习《礼记》还是很有必要的。

【原文】

曰《国风》，曰《雅》《颂》，号“四诗”，当讽咏。

【译文】

《国风》、《大雅》、《小雅》、《颂》，合称为四诗，它是一种内容丰富、感情深切的诗歌，实在是值得我们去朗诵的。

【评析】

《诗经》先秦称《诗》或《诗三百》，是中国第一部诗歌总集。汇集了从西周初年到春秋中期五百多年的诗歌三百零五篇，是西周初至春秋中期的诗歌总集。《史记·孔子世家》认为《诗经》为孔子编定：“古者《诗》三千余篇，及于孔子，去其重……”《诗》分“风”、“雅”、“颂”三部分，“风”为土风歌谣，“雅”为西周王畿的正声雅乐，“颂”为上层社会宗庙祭祀的

舞曲歌词，其中“雅”又分为“大雅”和“小雅”，因此，文中才说是“四诗”。

此书广泛地反映了当时社会生活的各个方面，被誉为古代社会的人生百科全书，对后世影响深远。其所包含的题材非常广泛，有的反映复杂的社会形态，有的反映人民的生活状况及一般百姓的思想和感情，《诗经》内容记载：从事父至事君，人伦之道无所不备。又因为古人非常注重诗的教育，诗可以使人端正思想，孔子认为，学识修养的基本功是要先读诗。读诗并不是要人成为诗人，诗的教育，包括了文学、艺术、哲学、宗教等文化内涵，能使人温柔敦厚，情感升华。所以子曰：“诗三百一言以蔽之，曰：思无邪。”又曰：“不学诗，无以立。”因此，《诗经》非常值得后人学习、背诵、吟咏。

【原文】

《诗》既亡，《春秋》作，寓褒贬，别善恶。

【译文】

后来由于周朝的衰落，《诗经》也就跟着被冷落了，所以孔子就作《春秋》，在这本书中隐含着对现实政治的褒贬以及对各国善恶行为的分辨。

【评析】

《春秋》，是鲁国的史书，记载了从鲁隐公元年到鲁哀公十四年的历史。它是中国现存最早的一部编年体史书。《春秋》一书的史料价值很高，记载的内容基本可信。在中国上古时期，春季和秋季是诸侯朝聘王室的时节。另外，春秋在古代也代表一年四季，而史书记载的都是一年四季中发生的大事，因此“春秋”是史书的统称。而鲁国的史书的正式名称就是《春秋》。一般认为《春秋》一书是由孔子修订的，因此也被列为儒家经典。

周平王向东迁都洛阳后，周天子衰落不能号令诸侯，采诗、作诗的风气就逐渐没落消失了，“《诗》既亡”即是指此。孔子于

是作《春秋》，想以此来对王道的堕落和诸侯的专肆作出公允的评价。因此，《春秋》虽然文字简洁，但却寓意深刻，一字而寓褒贬，所以才有“春秋笔法，微言大义”的说法。所谓“春秋笔法”就是用高简的手笔、平淡的语言，用寥寥几个字把历史的结论表达出来。所以说“孔子作春秋，乱臣贼子惧”，而孔子也正是希望通过自己的“微言大义”来褒扬善行好事，贬抑恶行坏事，希望能借此提醒世人分辨忠奸善恶，更期盼当政者提高警惕。所以，今人读《春秋》，除了要了解当时一般政治和人民生活情况外，更重要的是要累积前人的经验，作为自己为人处世的借鉴。

【原文】

三传者，有《公羊》，有《左氏》，有《谷梁》。

【译文】

三传就是公羊高所著的《公羊传》，左丘明所著的《左传》和谷梁赤所著的《谷梁传》，它们都是解释《春秋》的书。

【评析】

三传都是为《春秋》作注的书，《春秋》内容虽然十分精彩，但是文字和记事都过于简洁，加之年代久远，后人阅读和理解都有一定的难度。而《春秋》三传则能弥补人们阅读上的这一不足。三传有公羊高所著的《公羊传》，左丘明所著的《左传》和谷梁赤所著的《谷梁传》。三部传书都是为《春秋》作解，但是内容和出发点却又有所不同。

《公羊传》和《谷梁传》讲的是所谓“微言大义”，就是希望试图阐述清楚孔子的本意；而《左传》则以史实为主，补充并纠正《春秋》中的错误或没有记录的大事。如果单纯从注解的角度来说，《公羊传》和《谷梁传》无疑比《左传》做得要好，因为它们都是从文本出发，中规中矩，尽量揣度作者本意，不牵扯文义以外的其他内容。但是，如果从历史价值和文学价值方面来说，《左传》则是其中的佼佼者和典范，因为它更多的是从史实出发，并不单纯是以《春秋》为

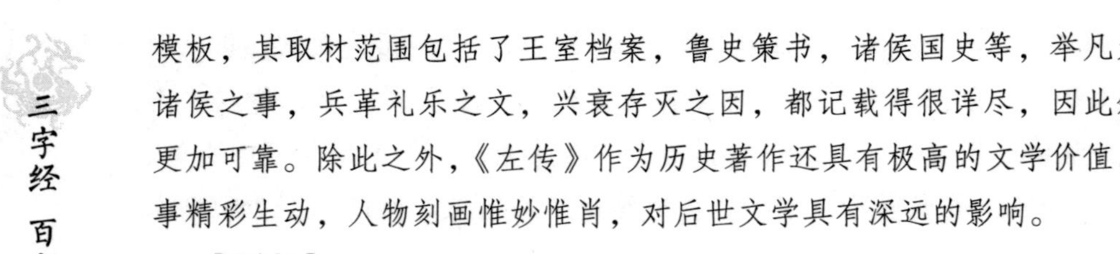

模板，其取材范围包括了王室档案，鲁史策书，诸侯国史等，举凡天子诸侯之事，兵革礼乐之文，兴衰存灭之因，都记载得很详尽，因此叙事更加可靠。除此之外，《左传》作为历史著作还具有极高的文学价值，叙事精彩生动，人物刻画惟妙惟肖，对后世文学具有深远的影响。

【原文】

经既明，方读子。撮其要，记其事。

【译文】

经传都读熟了然后才能读子书。子书繁杂，必须选择比较重要的来读，并且要记住每件事的本末因果。

【评析】

“经既明，方读子”依然是按照学习的难易顺序来进行的，将上面所列的儒家经典读懂读透了之后，才能去研习诸子百家的文章。因为诸子是先秦时期的各种学术流派，他们各抒己见，各有不同的学术观点，而且良莠不齐，学者阅读时一定要有很强的辨别能力。只有先用《四书》《五经》奠定基础，确立自己的中心思想，才不至于本末倒置，被众多的理论和学说所左右，搞得失去方向。

诸子百家是在战国时代剧烈的社会动荡和变革中产生的，每一种思想都分别代表着不同阶层的人的利益，其中主要有儒家、墨家、道家、法家、名家等几种主要流派，而各个流派又有不同的分支，同时几个流派之间还有不同程度的交叉。因此，诸子思想纷繁芜杂，且著述太多、卷帙浩繁。所以，读者读子书要有选择性，不能盲目，选取其中对提高自身德行和学问有帮助的精华来读是非常必要的。“撮其要，记其事”，就是要人们选取重要的典籍，并且提纲挈领，掌握主要脉络，把主要学术流派的主要观点总结归纳起来，记住要点就可以了。下面内容中所提到的“五子”就是需要人们去重点阅读的。

【原文】

五子者，有荀扬，文中子，及老庄。

【译文】

五子是指荀子、扬子、文中子、老子和庄子。他们所写的书，便称为子书。

【评析】

这里提到的“五子”并不都是战国时期的诸子，还包括春秋、汉代及隋唐时期的几位学者。

荀子，名卿，战国时楚人，其思想主要体现在《荀子》一书中，荀子是儒家思想的代表人物，继承了孔子思想中“礼”的部分，主张“性恶”论，认为人性中存有贪婪好利等弊端，故特别注重礼节和教化，希望透过教育的手段来对人的劣根性进行引导和改善。

扬子即扬雄，汉朝成都人，著名的汉大赋作家，但这里提到的主要是他在哲学方面的成就，他提出“自利说”，著有《太玄经》、《法言》等著作，其中《太玄经》参照《易经》的体裁而作。

文中子，姓王名通，隋朝龙门人，是隋唐时期著名的教育家、学问家。著有《元经》、《文中子》二书。创立了以重建儒家“王道政治”为理想的“河汾之学”，王通通过讲学传道、著书立说，培养了大批栋梁之材，唐朝的开国功臣李靖、房玄龄、杜如晦、魏征等人据说都出自他的门下，因此史称“迭为将相”。

老子，姓李，名耳，字老聃，春秋时期楚国人，道家思想的开创者，著有《道德经》又称《老子》。宣扬“小国寡民”的政治主张和出世修道的做人方式，其内容崇尚自然，倡导无为而治。老子学识渊博，连孔子都曾向他求教过，并称“吾今日见老子，其犹龙耶”。

庄子，名周，字子休，

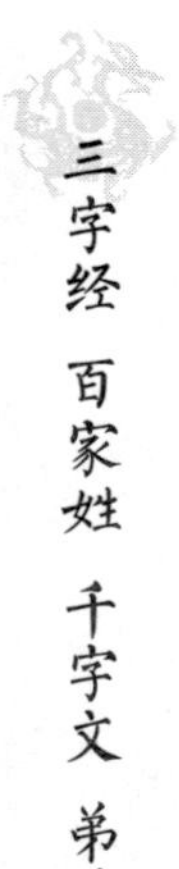

战国时期宋国人，道家思想的集大成者，著有《庄子》，其哲学思想主张“间世主义”。《庄子》一书采用以寓言为主的叙述方式，其文汪洋恣肆、文采斐然，具有极高的文学价值，是我国浪漫主义文学的鼻祖。

【原文】

经子通，读诸史。考世系，知终始。

【译文】

经书和子书读熟了以后，再读史书。读史时必须要考究各朝各代的世系，明白他们盛衰的原因，才能从历史中记取教训。

【评析】

“经子通，读诸史”，学习完儒家经典和诸子学说之后，接下来就可以学习历史了。历史既不是文学也不是科学，并且有其自身的规律，学习时有其特定的原则与方法。唐太宗说：“以铜为镜可以正衣冠，以人为镜可以知得失，以史为镜可以知兴替。”中国具有五千年的文明史，历史的发展、朝代的更替都有它的原因和规律，而史书正是历史的记录者和承载者，它记载着一国兴亡的大事，后人读史要从中考察历代王朝传承的世系，明白各国政治上的利弊得失，了解治乱兴亡的原因，给自己一个警惕，从中吸取经验教训并且为我所用。

史书上记载的内容既不是读者所亲见，也不是著史者所亲见，因此研究历史要具有严谨的态度和正确的方法。“尽信书不如无书”，史书要读但不能尽信，要通过各种途径发现历史的本来面目。“考世系”就是考察帝王家族，世代相承的关系和显贵家族的家世，“知终始”是了解历代王朝兴衰的始末因由。中国历史上每个家族都有自己的家谱和族谱，详细考察历史人物的世系，再参考各种文献和资料，并且融会贯通，才能更准确地掌握最真实的历史，才不会为看似结论性的东西所束缚。

【原文】

自羲农，至黄帝，号三皇，居上世。

【译文】

自伏羲氏、神农氏到黄帝，这三位上古时代的帝王都勤政爱民、非常伟大，因此后人尊称他们为“三皇”。

【评析】

历史学家大体把历史分为三个阶段：即上古、中古、近古。中国有文字可考的历史是从商代开始的，这以前的历史是神话和传说的时代，即上古时期。而伏羲、神农和黄帝，是上古时代的三位君主，被后人尊称为“三皇”。“三皇”既是上古时代的统治者，又是中国文明的开创者，标志着华夏文化发展的第一个阶段。

伏羲也作“伏牺”，是制伏野兽的意思，这个时期就是历史学上划分的“狩猎阶段”。传说伏羲氏在位115年，他教人们将野生的牛、羊、马、猪、狗、鸡抓回去在家中饲养，成为后来人们所说的“六畜”，他还教会人们结网捕鱼，于是人类便进入了渔猎畜牧的时代。传说中他还首创了文字，绘制了八卦，前面所提到的《连山》就是伏羲氏所作，同时他又造琴瑟、教嫁娶，使中国历史进入了文明的时代。

神农氏，姓姜，因以火德王，故自称太阳神，世称炎帝。传说神农氏是农业的始祖，在位140年。他兴货利、制耒耜、选五谷，教民稼穑，制陶打井，使中华文明向前推进了一大步，进入了先进的农耕时代，中国的农业文明由此建立，到现在已经延续了几千年。同时，神农氏还是医药的发明者，神农尝百草的故事源远流长，为了大众的健康不惜牺牲自己的生命，为后人做出了光辉的典范。

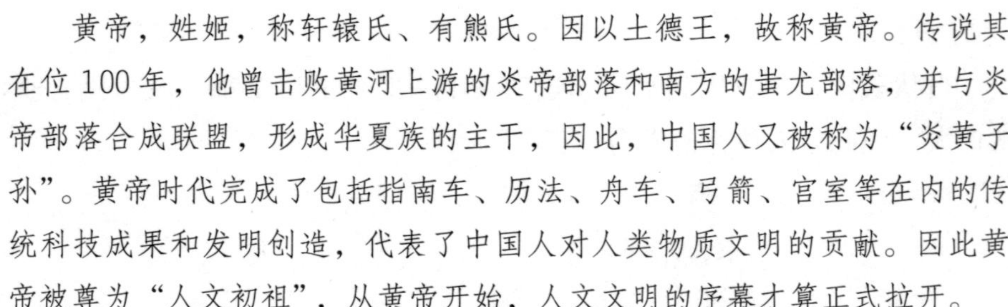

黄帝，姓姬，称轩辕氏、有熊氏。因以土德王，故称黄帝。传说其在位100年，他曾击败黄河上游的炎帝部落和南方的蚩尤部落，并与炎帝部落合成联盟，形成华夏族的主干，因此，中国人又被称为“炎黄子孙”。黄帝时代完成了包括指南车、历法、舟车、弓箭、宫室等在内的传统科技成果和发明创造，代表了中国人对人类物质文明的贡献。因此黄帝被尊为“人文初祖”，从黄帝开始，人文文明的序幕才算正式拉开。

【原文】

唐有虞，号二帝，相揖逊，称盛世。

【译文】

黄帝之后，有唐尧和虞舜二位帝王，尧认为自己的儿子不肖，而把帝位传给了才德兼备的舜，在两位帝王的治理下，天下太平，人人称颂。

【评析】

中国在上古社会，也就是民族公社阶段，王位的继承采用的是“禅让制”而非世袭制，王位通过民意选举传给有才德的人。“二帝”就是这样一个“相揖逊”的典范。

“唐”指唐尧，“虞”指虞舜，历史上有名的尧、舜二帝就是指这两位。尧帝，姓伊祁，号放勋，因为其封地在陶和唐，所以史书上称他为唐尧，传说尧眉有八采，其红如天，其智如神，其为人严肃恭谨、生活俭朴，他住茅屋、穿麻衣、吃糙米、喝菜汤，因此受到万民景仰，尧在位72年，他制定历法，并设立掌管时令的官员，后在晚年将君位禅让给了舜。舜帝，姓姚，名重华，号有虞氏，故人们称他为虞舜，他宽厚待人，孝顺父母，慈爱兄弟，为政仁和，舜帝在位61年，把君位禅让给禹。

尧舜时期是“大道之行，天下为公”的时代，二帝都把国家当作公器，传贤不传子，把帝位禅让给贤能的人。正是因为他们没有一点私心，所以才造就了一番太平盛世，使国家能够政通人和，使人民得以安居乐业，成为中国上古历史中的黄金时代。因此，自古就有“尧天舜日”之说。

【原文】

夏有禹，商有汤，周文武，称三王。

【译文】

夏朝的开国君主是禹，商朝的开国君主是汤，周朝的开国君主是文王和武王。这几个德才兼备的君王被后人称为三王。

【评析】

夏、商、周三朝，是中国历史上的奴隶社会阶段，从此中国历史告别了“天下为公”的氏族社会，进入“天下为家”的世袭王朝。夏商周，在中国历史上合称三代，每一代的时间都很长，夏朝统治400年，商朝统治600年，周朝统治800年。“三王”就是三代的开创者，虽然“三王”采用的是“家天下”奴隶制度，但是他们同样以贤德著称，并且为后世创下了不朽的功勋，因此被尊为“三代圣王”。

夏朝的第一位君主是大禹，他治理水患，疏通九河，经过13年终于将洪水导入大海，他吃苦耐劳、坚持不懈、公而忘私，三过家门而不入，在当政后仍能勤勉治国，因此得到百姓的拥戴。

商朝的开国君主是汤，汤原是居住在黄河下游的商部落的领袖，当时的夏朝国君桀暴虐无道，不顾百姓疾苦，一片怨声载道。汤于是兴起

义师灭掉了夏桀，他以仁政治国得到人民的肯定，成为“三王”之一。

周朝的开国君主有两位，分别是文王和武王。文王，姓姬名昌；武王，姓姬名发。父子二人，为讨伐荒淫残暴的昏君商纣前仆后继，最后武王终于通过“牧野之战”的胜利灭掉了无道的商朝。在平定天下后，武王又采取一系列削减军队、提倡文教的措施，使中国进入奴隶社会的全盛时期。

【原文】

夏传子，家天下，四百载，迁夏社。

【译文】

禹把帝位传给自己的儿子，从此天下就成为一个家族所有的了。经过四百多年，夏被汤灭掉，从而结束了它的统治。

【评析】

大禹死后，因为人民怀念禹治水的功绩，加上其子启又非常贤能，因此诸侯拥戴启为天子。夏朝是中国历史上第一个世袭王朝，开创了中国世袭王朝“家天下”的历史。从禹把帝位传给儿子启之后，一个家族统治国家的历史持续了几千年，一直到辛亥革命推翻了最后一位皇帝，“家天下”的统治才最后真正结束了。

历史有其盛衰的定律，一个朝代能否长期存在要看统治者能否掌握好君权与民意的平衡。这种平衡一旦被打破就意味着颠覆。夏朝就是在失衡中被颠覆的。夏的最后一个君主桀，骄奢自恣、荒淫残暴，不顾百姓安危，穷兵黩武。他还自比为太阳，因此《尚书·汤誓》中记载，夏代臣民都指着太阳诅咒：“时日曷丧，予及汝偕亡。”正因为不得民心到了百姓想与之同归于尽的地步，因此当商汤举起义旗、起兵伐夏时，这个看似强大的帝国便迅速土崩瓦解了。商汤凯旋班师，建立商朝，夏朝正式宣告灭亡。夏朝的历史由禹算起，至桀结束，共传十四世，历十七王，共计439年，所以说“四百载，迁夏社”。

【原文】

汤伐夏，国号商，六百载，至纣亡。

【译文】

成汤伐灭夏桀，建立商朝。到殷纣王被周武王伐灭，大约经过了六百年。

【评析】

汤灭掉夏朝后，建立了自己的朝代，国号为“商”。商朝是我国奴隶社会的发展时期，文艺、技术和历法等古代文明取得了长足的发展，在文化史上占有特殊的地位。商朝从建立起至纣王覆国结束，共传30代，享国644年，故称“六百载，至纣亡”。中间经历了盘庚迁都，将原来的都城由西亳迁到了殷城，所以商朝又称“殷商”，盘庚以迁都为名，同时革除了弊端，重振了朝纲，使国力蒸蒸日上。

但是，有开始就会有结束，再强大的国家也不例外。历史往往会出现循环的现象。商朝的建立是因为君主的暴虐，而它的覆灭也同样是因为君主的暴虐。历史是一面镜子，而那些昏溃的君王却并不懂得照镜子，即使照了看到的也是别人而非自身。所以，商纣在走夏桀的老路的同时，并没有想到路的尽头会有相同的结果在等待着他。商纣为人残暴，荒淫

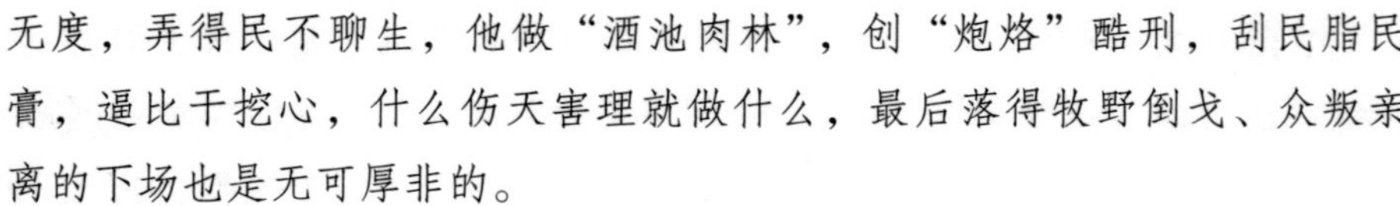

无度，弄得民不聊生，他做“酒池肉林”，创“炮烙”酷刑，刮民脂民膏，逼比干挖心，什么伤天害理就做什么，最后落得牧野倒戈、众叛亲离的下场也是无可厚非的。

所以，今人读史是为了从历史中看到自己的影子，以免走古人错误的老路，若仅仅只是为了看故事、学计谋，就会本末倒置，不仅学不到它的精髓，而且还可能走上歧途。

【原文】

周武王，始诛纣，八百载，最长久。

【译文】

周武王起兵灭掉商纣，建立周朝，周朝的历史最长，前后延续了八百多年。

【评析】

周武王子承父业，终于众望所归，完成灭商大业。周朝是中国历史上历时最长的朝代，具有874年的历史。周朝是中国历史上奴隶社会的巅峰时期，奴隶社会的各项制度在这一时期都得到了最大限度的完善，同时在诗歌、礼乐、技术等文化领域也取得了辉煌的成就。但是，盛极必衰、物极必反，周朝作为奴隶社会的鼎盛时期，同样也是奴隶制走向衰亡的时期。周平王迁都标志着周朝的衰落，同时也将周朝的历史分成了两个部分，即西周和东周，幽王被杀以前是西周，平王东迁以后是东周。

从各朝各代的兴衰中我们可以看出“仁政必兴、暴政必亡”的道理。周朝也不例外，在建国初期，文王、武王以及周公等人励精图治、富国强兵，“修德以倾商政”，商亡之后，更是种德立业，推行仁政，所以才使得国家富强、人民富足。但是，祖先的功德经不起后代的挥霍。前代奠定的坚实基础往往被自己的后人挖空蛀烂，周厉王像桀纣般的残暴，但尚有“周召共和”的支撑。到

了周幽王就没那么幸运了，一次次的“烽火戏诸侯”最后断送的却是自己的性命和强大的王朝。从此，一度强盛的周王朝便一蹶不振、名存实亡了。

【原文】

周辙东，王纲坠，逞干戈，尚游说。

【译文】

自从周平王东迁国都后，对诸侯的控制力就越来越弱了。诸侯国之间时常发生战争，而游说之士也开始大行其道。

【评析】

“周辙东，王纲坠”，就是指周平王迁都以后，周天子权力衰落，王室的纲纪和政治制度逐渐瓦解，国家虽然名义上尚有天子主宰，实际却是各诸侯国在各自为政。天子对诸侯的控制力就越来越弱，直至名存实亡。各诸侯失去了控制，都想要称王称霸，于是为了争夺实际的领导权，便连年不断地发起战争，黎民百姓饱受战乱之苦。而诸侯之间也是“你方唱罢我登场”，形成轮流执政的局面，“春秋五霸”、“战国七雄”就是这一时代的产物。

战事纷纭、干戈迭起，搞得天下大乱，但也有一句话叫“乱世出英雄”。身居下层的有识之士希望利用这一机会大展宏图，于是游说之风兴起，诸子著书立说、百家争鸣，士以“游说”的形式向诸侯推销自己的政治主张，孟子、荀子等人都曾扮演过这样的角色，而各国君子也为了保存和扩张自己的势力大量地“养士”。这些士之中最擅游说之道的莫过于纵横家，其中的代表就是主张“合纵”的苏秦和主张“连横”的张仪。但是他们的出发点并不是为了百姓，而是为了博取功名和利禄。因此，兵连祸结、生灵涂炭的很大一部分责任是要由这些说客来承担的。

【原文】

始春秋，终战国。五霸强，七雄出。

【译文】

东周分为两个阶段，一是春秋时期，另一是战国时期。春秋时的齐桓公、宋襄公、晋文公、秦穆公和楚庄王号称“五霸”。战国的“七雄”分别为齐、楚、燕、韩、赵、魏、秦。

【评析】

东周王室衰微，诸侯争霸，但是程度却又有所不同，因此又可以分为两个阶段，分别是春秋时期和战国时期。自周平王东迁开始至孔子绝笔之后称为春秋时期，共224年，也因此以孔子所编《春秋》而名之；之后至秦始皇统一中国为止，称为战国时期。春秋时期是中国奴隶制度的衰落时期，战国时期则是封建制度的形成时期，因为社会性质的不同诸侯之间的争霸之战有着很大的差别。春秋时期产生了五位霸主，依序为齐桓公、宋襄公、晋文公、秦穆公、楚庄王，历史上称之为“春秋五霸”。进入战国时期后产生了齐、楚、燕、赵、韩、魏、秦七个强国，史称“战国七雄”。

“春秋五霸”的争霸活动是在标榜复兴周王室的义旗下展开的，当然这只是一些冠冕堂皇的借口，依靠武力取得霸主地位才是真正的目的。但是这一时期的战争规模相对战国而言要小得多，也少得多，而且彼此遵守游戏规则，速战速决。到了战国时期，诸侯的目标已经不是单纯的争霸，而是要称王了，“战国七雄”之间战事不断，相互吞并，既合纵连横又尔虞我诈，战争不断升级，弱肉强食、杀伐不断、民不聊生，也正因如此才被称为“战国”。

【原文】

嬴秦氏，始兼并。传二世，楚汉争。

【译文】

战国末年，秦国的势力日渐强大，把其他诸侯国都灭掉了，建立了统一的秦朝。秦传到二世胡亥，天下又开始大乱，最后，形成了楚汉相争的局面。

【评析】

分久必合，经历了春秋战国几百年的分裂和战乱，人民都期待着能有一个统一稳定的环境来休养生息，秦王朝的统一中国是顺应历史发展要求的，只是却在统一后采取了高压的统治手段，致使民不聊生，也导致了自己国运的转瞬即逝，秦只传到二世便中途夭亡了。

秦始皇姓嬴名政，是中国历史上有名的暴君。然而在某种意义上，他又是一个伟大的君王，在许多领域都有开创之功。首先，他采用张仪的连横外交及远交近攻等策略，将六国各个击破，兼并六国的领土，使四分五裂的国家走向统一；其次，他创建了我国历史上第一个中央集权制的封建专治国家；再次，他修建了世界上最宏伟的建筑——万里长城；最后，他使车同轨、书同文，以及统一各国钱币和度量衡，为文化和经济的长足发展奠定了基础。这些伟大的功业确实是前无古人的，连秦始皇自己都沾沾自喜，以为可以千秋一统，万世一系，因此才自称“始皇帝”。然而，历史的发展往往事与愿违，秦代二世而亡对于踌躇满志的秦始皇来说无疑是一个莫大的讽刺。但这同时又是一个历史的必然，虽然他的种种功业是符合历史发展规律的，但是，在这些功业背后所使用的暴虐的统治手段却又是逆时代潮流而动的。因此，秦王朝辉煌事业的搁浅纯粹是“自作孽，不可活”。

反秦的呼声一浪高过一浪，各地民众纷纷揭竿而起，而最终推翻秦王朝的则是西楚霸王项羽和汉王刘邦。这两者为了争夺最后的领导权，又发动了连年的战争，这就是文中提到的“楚汉争”。

【原文】

高祖兴，汉业建，至孝平，王莽篡。

【译文】

汉高祖打败了项羽，建立汉朝。汉朝的帝位传了两百多年，到了孝平帝时，就被王莽篡夺了。

【评析】

楚汉之争的结果是汉王刘邦取得了最终的胜利，建立了中国封建史上最辉煌的朝代之一——汉朝。汉高祖刘邦是中国历史上第一个平民皇帝，他在建国初期，吸取秦亡的教训，减免赋税、减轻徭役，使百姓获得了一个喘息的机会，国民经济逐渐恢复并稳步发展。汉初的几位皇帝都遵从了这一法则，汉文帝治国“一曰慈、二曰俭、三曰不敢为天下先”，从而出现了“文景之治”的大好局面，到了汉武帝之时西汉无论从经济、文化，还是从军备、国力都达到了空前的高度。汉武帝受公孙弘、董仲舒的影响，“罢黜百家，独尊儒术”，儒家思想在中华大地上正式被确立为正统思想。与此同时，中华文化通过丝绸之路也得以广泛传播，“汉文化”、“汉民族”的称谓正式确立了。

汉朝是中国封建社会的上升时期和高度发展时期，从汉高祖建国，到孝平帝王莽篡权，共经历了十一位皇帝。这期间汉朝的都城一直在长安，因此历史上把这个时期称为“西汉”，也叫“前汉”。外戚王莽篡汉后，改国号为新，从汉高祖称帝开始的西汉王朝，统治了210年，到这时候便结束了。

【原文】

光武兴，为东汉；四百年，终于献。

【译文】

汉光武帝刘秀复兴，建国号东汉。东汉延续四百年，到汉献帝的时候灭亡。

【评析】

汉朝的第二个时期建都于洛阳，因此史称“东汉”或者“后汉”。王莽篡位后，实行了不合民意同时逆时代潮流发展的复古改制运动，因此，结果可想而知，新政不仅无疾而终，还断送了刚刚建立起的王朝。东汉就是在汉光武帝刘秀推翻王莽统治的基础上建立的。东汉自光武帝开始，最后传至献帝，共历十三帝，231 年。两汉的历史，加起来共计 441 年，到了末期，由于外戚、宦官互相攻击，王室无能，汉献帝被曹操之子曹丕所废，汉朝结束，三国时代开始。

东汉在建立初期同样采取了休养生息的政策，轻税负、释奴婢、减少差役等，还不止一次地大赦天下。因此，东汉初年的经济得以快速地恢复和发展。汉代的统治者采用开明的文化政策，这不仅使中华文化得以传播，而且也给了外来文明的发展空间，在汉代通过丝绸之路使中外文化得到了很好的交流和融合，对后世文化影响深远的佛教就是在西汉时期传入中国的。

但是汉代的统治也存在着自己的弱点和弊端，皇帝继位年龄往往很小，这就造成了外戚和宦官的专权，王室内部互相倾轧、纷争不断，最终导致皇权的丧失，也给了曹操“挟天子以令诸侯”的可乘之机。中华大地再次群雄并起，陷入三足鼎立的分裂状态。

【原文】

魏蜀吴，争汉鼎，号三国，迄两晋。

【译文】

东汉末年，魏国、蜀国、吴国争夺天下，形成三国相争的局面。后来魏灭了蜀国和吴国，但被司马父子篡夺了军政大权，后来由司马懿的孙子司马炎代魏自立，统一了中国，建立了晋朝，晋又分为西晋和东晋两个时期。

【评析】

“鼎”是传国的宝器，象征

着国家和地位，因此“魏蜀吴”是为了“争汉鼎”而战。魏——曹操、曹丕，蜀——刘备，吴——孙权，互争汉家天下，历史上称为三国时代。魏主曹丕，曹操之子，篡汉献帝位，国号魏，建都洛阳；蜀主刘备，自称汉之正统，建立蜀汉，定都成都；吴主孙权，汉末江东大将，建立东吴政权，定都建业。三国时期持续了60年的时间，后由司马炎统一中国，才结束了纷乱的局面，司马炎立晋，建都洛阳，史称晋武帝，开始了西晋王朝51年的历史。后又因为五胡乱华，晋元帝司马睿把国都迁到江南建康称为东晋，因此才有“两晋”之说。两晋的历史，西晋51年，

东晋104年，共计155年。

三国和两晋时期的历史并不长，但却是中国历史上极为丰富多彩的时期，出现了许多传奇式的人物，曹操、刘备、孙权、诸葛亮、关羽、张飞、周瑜等时代的骄子们谱写出了中国历史上最恢弘壮丽的诗篇，使一部《三国演义》成为传世经典。同时，中国的军事、诗歌和文艺在这一时期也取得了骄人的成绩。“三曹”、“建安七子”、“竹林七贤”，是三国两晋文学的代表人物，推动了中国诗歌文化的发展。因此，三国两晋的历史是非常值得人们去仔细阅读和玩味的。

【原文】

宋齐继，梁陈承，为南朝，都金陵。

【译文】

晋朝王室南迁以后，不久就衰亡了，继之而起的是南北朝时代。南朝包括宋、齐、梁、陈，国都建在金陵。

【评析】

晋朝传了一百多年之后至晋安帝时被刘裕所篡，从此进入南北朝的时代，南北朝政权呈现的是一个对峙的局面。由于北方被外族所统治，南方偏安局面下的朝廷，称为南朝。南朝分别由宋、齐、梁、陈四个朝代构成，它们之间是一个前后相继的过程，皆建都于金陵。整个南朝的历史加起来，共计168年。

值得注意的是，南朝各个朝代的建立都有着相似的经历。首先，宋的建立，是东晋大将刘裕篡位的结果。公元420年，刘裕篡位做了皇帝，改国号为宋，是为宋武帝。接下来，皇位传到宋孝武帝时，又被禁军统领萧道成照样翻版篡位，灭宋称齐，公元479年，萧道成称帝，建立南齐，是为齐高帝。然而，南齐王朝也只经历了24年，公元503年，就又被同宗的雍州刺史萧衍所废，改国号为梁。最后接着萧梁篡位称帝的，是陈高祖陈霸先，公元557年，梁将陈霸先在建康称帝，史称陈朝。可以说，南朝的历史就是一部大臣的谋朝篡位史，而且它们还有一个相同之处就是，篡位之后将前代的皇室斩草除根，因此，自己的子孙也逃不过被灭门的命运。

南朝虽然短暂，但是文化发展并不落后，这与统治者的重视和提倡是分不开的。这一时期佛教文化得到了空前的发展，唐诗中有“南朝四百八十寺，多少楼台烟雨中”的名句。同时中国诗歌的声律也是在这一时期确立的，为律诗的发展奠定了基础，更为唐诗的辉煌做好了准备。

【原文】

北元魏，分东西。宇文周，与高齐。

【译文】

北朝则指的是元魏。元魏后来也分裂成西魏和东魏，西魏被宇文觉篡了位，建立了北周；东魏被高洋篡了位，建立了北齐。

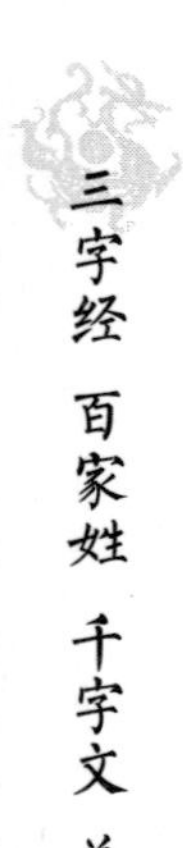

【评析】

北朝的几个政权是由少数民族建立起来的。北方北朝的拓跋圭建立北魏后，他注重礼乐及教育，又施行汉化政策，改姓元故称元魏，在历史上颇为有名。至孝武帝时分裂为东西魏，不久，宇文觉篡西魏，建立北周，高洋篡东魏建立北齐。北朝与南朝是并存的关系。

北朝一直处于分裂的状态，而且各代君主大多没有什么建树，又是由少数民族建立，因此在经济文化上相对南朝而言，还是有一定差距的。但是，北魏历史上却出现过一个雄才大略、勇于改革的皇帝，他就是拓跋宏，他是北魏的第三代传人，史称魏孝文帝。他在位期间进行了一系列大胆的改革——他把国都从平城迁到洛阳，接着又实行汉化政策，他要求族人改说汉语、改穿汉人服装、改用汉姓、鼓励鲜卑族与汉族通婚等。北魏皇室也在孝文帝带头下改姓为元，故此这里称作“北元魏”。北魏的改革促进了北方经济文化的发展。但是再辉煌的功业也经不起内部的分割和蚕食，孝文帝为子孙打下的良好基础，很快就被权臣所把持，北魏分裂为东西二魏，“分东西”即是此意。而且很快西魏被北周取代，东魏被北齐取代，宇文觉篡西魏，因此又称“宇文周”，高洋篡东魏，所以才说“北高齐”。直至公元 557 年，北周武帝灭了北齐，才使北方重新获得了统一。

【原文】

迨至隋，一土宇，不再传，失统绪。

【译文】

杨坚重新统一了中国，建立了隋朝，历史上称为隋文帝。他的儿子隋炀帝杨广即位后，荒淫无道，隋朝很快就灭亡了。

【评析】

北周宣帝死后，他的岳父杨坚接受了静帝的“禅位”，于公元581年，建立了隋朝，是为隋文帝。杨坚起兵东征西杀，结束了南北朝分裂的局面，重新统一中国，“迨至隋，一土宇”就是此意。

杨坚帝位虽是篡位所得，但是他却是一位深知民间疾苦、一生勤俭爱民的好皇帝。在其统治期间，推行仁政，法令公正简明，躬自节俭，得到了人民的拥护，并且使分裂了二百七十多年的中华大地重新归于统一，社会秩序安定下来，南北文化得到了交流，为经济的繁荣打下了良好的基础。隋文帝虽然雄才大略，但只可惜识人不明，因改立次子杨广为太子，种下祸因。杨广即隋炀帝，他骄奢淫逸、倒行逆施，与其父的勤俭爱民的治国方略完全背道而驰。他在位期间荒淫无道，刚愎自用又好大喜功，连年征讨，使得天下大乱、民不聊生，自己更是众叛亲离，引起各方声讨，最后被其宠臣宇文化及所杀，隋朝只传了一代，因此才称“不再传，失统绪”。

隋朝虽然只有两代，但是却统一了中国，而且修建了东都洛阳，开凿了一条全长四千里贯通南北的京杭大运河，对我国经济、文化的发展和交流，起了非常积极的作用，更为唐朝封建社会全盛时期的到来奠定了坚实的基础。因此，历史上以“隋唐”并称，一方面是由于它短暂，另一方面则是由于它是隋唐盛世的重要组成部分。

【原文】

唐高祖，起义军。除隋乱，创国基。

【译文】

唐高祖李渊起兵反隋，最后隋朝灭亡。他战胜了各路的反隋义军，

取得了天下，建立起唐朝。

【评析】

在隋末农民起义蓬勃发展的同时，太原留守李渊乘机起兵，攻占长安，立国号为“唐”，李渊即为“唐高祖”。唐军在李渊之子李世民的领导下，平定了各地的割据叛乱和农民起义，使中国又重新归于统一。为国力的强盛和经济的恢复打下了根基，所以说“除隋乱，创国基”。

唐朝是我国封建历史上最辉煌的时代，从唐太宗时期的“贞观之治”到唐玄宗时期的“开元盛世”，中国的社会发展达到了空前高度，无论从经济、文化，还是从政治、军事和科技方面，在世界上都具有领先地位，是当时世界上最发达、最强盛的国家。唐朝是中国历史上最为精彩的朝代，它是诗歌发展最为成熟和活跃的时期，出现了李白、杜甫等无数伟大的诗人；它有历史上最稳定的“开元盛世”，又有最动荡的“安史之乱”；它出现过中国历史上唯一的女皇帝——武则天，也出现过最美丽的“红颜祸水”——杨玉环；它是中外文化交流的鼎盛时期，既有“玄奘西游”，又有“鉴真东渡”；它还是我国艺术门类最完备的朝代。总之，唐代是中国历史上内容最丰富的朝代，它的历史像一幅锦绣的图画一般使人眼花缭乱，其无穷魅力更使人心驰神往，历史上还没有哪一个朝代能够像它一样留给人们如此多的精神财富和文化遗产。

【原文】

十八传，三百载，梁灭之，国乃改。

【译文】

唐朝的统治近三百年，总共传了十八位皇帝。到唐哀帝被朱全忠篡位，建立了梁朝，唐朝从此灭亡。为和南北朝时期的梁相区别，历史上称为后梁。

【评析】

唐朝经过了将近300年的历史，经历了18代君王，是中国封建社会的全盛时期。就像所有的事物都有自己的发展极限一样，月盈则亏，花开则谢，最辉煌的顶点也是走下坡路的开始。在唐代最强大的“开元盛世”，动地而来的“渔阳鼙鼓”惊醒了人们歌舞升平的太平迷梦。强大的唐王朝陷入了战争的沼泽，从此一蹶不振。经历了8年“安史之乱”的强大冲击，唐朝的政权虽然保住了，但是整个国运却再也没有恢复到原来的高度，而且每况愈下。唐末黄巢率领农民发动起义，使一度强大的唐王朝土崩瓦解。终于在公元907年，节度使朱温废了唐昭宣帝，自立为帝，建都汴梁，改国号为梁，史称“后梁”。

中国又进入了五代十国的分裂时期。当然唐王朝的衰落和灭亡有多方面的原因，不能单单把罪责归到杨贵妃和安禄山两人身上，藩镇割据、宦官专权、朋党之争、君主无能和统治阶级内部倾轧都是其逐步走向毁灭的动因。学历史要有明辨是非的能力才能做出公允的评价，才能从兴亡之中吸取历史的教训。

【原文】

梁唐晋，及汉周，称五代，皆有由。

【译文】

后梁、后唐、后晋、后汉和后周五个朝代的更替时期，历史上称作五代，这五个朝代的更替都有着一定的原因。

【评析】

五代是中国历史上一个纷乱割据的时期，由唐末的藩镇割据演变而来。从朱温建立梁朝开始，中国北方前后换了五个王朝——梁、唐、晋、汉、周，这些朝代名都是以前有过的，所以各冠一个“后”字来区别。与五代同时，南方和巴蜀地区也有九个称帝、称王的割据政权，它们分别是前蜀、吴、闽、吴越、楚、南汉、南平、后蜀、南唐，加上北方山西的北汉一共是十国，所以这一时期又称为“五代十国”。

五代的时间十分短暂，加起来总共53年，但却是更替频仍，每一个朝代都有其兴灭的因由，所以说“称五代，皆有由”。朱温建立后梁，在位仅6年被其子所弑。接着，是后唐李存勖，他因袭其父李克用的晋王爵号，打出为李唐复仇的大旗，破契丹、灭朱梁，统一了北方，李存勖自称皇帝，改国号为唐，定都洛阳，为“后唐庄宗”。其后石敬瑭为了在建立后晋时得到契丹的支持，甘心拜契丹国主为“父皇帝”，并将雁门关以北的幽云十六州割让给契丹，使宋朝开国以后，黄河以北一直为辽金元三朝占据，形成中国历史上南北朝之后第二次南北对峙的局面。没多久，后晋政权便落入了石敬瑭的部将刘知远的手中。刘知远在太原称帝，赶走契丹人，定都汴京，改国号为后汉。之后大将郭威兵变，篡位称帝，改国号为周，郭威无子嗣，由其养子柴荣继位，称为世宗。

【原文】

炎宋兴，受周禅。十八传，南北混。

【译文】

赵匡胤接受了后周“禅让”的帝位，建立宋朝。宋朝相传了十八个皇帝之后，北方的少数民族南下侵扰，结果又成了南北混战的局面。

【评析】

周世宗柴荣之子周恭帝即位时尚年幼，殿前都点检赵匡胤在陈桥驿发动兵变，“黄袍加身”，就是历史上有名的“陈桥兵变”。周恭帝在无力改变现实的情况下，不得不将皇位“禅让”给赵匡胤。于是，宋代建立，定都汴梁。由于《三字经》开始为宋人所编，自然站在为皇帝避讳的角度来叙述，所以说“炎宋兴，受周禅”。两宋一共传了十八代，历十九帝，共计319年历史，其中以靖康之变为转折，之前称北宋，之后迁都临安，称南宋。

宋朝是我国封建专制制度继续发展的时期，中央集权进一步强化。由于五代以及本朝的建立大都是由于大将拥兵自重建立起来的，因此宋在建立初期就吸取前代教训，通过“杯酒释兵权”的策略将大将兵权收回，交由文臣掌管，并且定期调换。这样做尽管消除了藩镇割据、权臣篡位的隐患，但同时也过分削弱了地方力量，使州县日益困弱，无力抵抗外侵，宋成了一个积贫积弱、苟且偷安的朝代。国势的衰微，使有宋以来一直受到北方少数民族政权的侵扰，而面对侵扰自己也只有招架之功，却无还手之力。在宋代，我国的经济文化虽然继续发展，但是再也没有了唐代的大国遗风。

【原文】

辽与金，皆称帝。元灭金，绝宋世。

【译文】

北方的辽人、金人和蒙古人都建立了国家，自称皇帝，最后蒙古人灭了金朝和宋朝，建立了元朝，重新统一了中国。

【评析】

在北方与两宋形成对峙局面的是少数民族建立的几个朝代，它们分别是：契丹族首领耶律阿保机建立的辽国，女真族首领完颜阿骨打建立的金国，以及蒙古人成吉思汗建立的蒙古政权。辽与金都曾称帝建国，所以说“辽与金，皆称帝”。后来金国灭了辽国，而金国也被强大的蒙古人所灭，蒙古人建立元朝，传至元世祖忽必烈时终于灭了南宋，即“元灭金，绝宋世”。元朝是我国历史上版图最大、地域最广的一个朝代。

北方的辽与金虽然是少数民族政权，但是它们所推行的都是汉族先进的文化和政策，在文化教育上，仍然是以中国文化的儒家思想为主，佛道两家为辅的华夏文明，政权和各级官员的设立也基本实行汉制。所以，中国北方的经济和文化依然按照原来的轨道继续推进，南北文化的交流也在战战和和中不间断地进行着。而元代则是一个以游牧为主的民族建立的，它的统治主要依靠武力和强权，但是元代作为中国历史上版图最辽阔的国家，给经济文化的发展提供了土壤，出现了几个国际性的大都市，欧洲人的《马可·波罗游记》中就记载了元代时期中国都市的繁荣景象。

【原文】

莅中国，兼戎狄。九十载，国祚废。

【译文】

元朝入主中原后，兼并了边疆各民族。历时97年，最后被明朝取代，它的国统便结束了。

【评析】

蒙古人的铁骑几乎踏遍了整

个亚欧大陆，元朝是在武力与强权的高压政策下建立起来的。元朝的建立结束了中国南北对峙的局面，但是它并没像辽金那样很好地吸收华夏文化。中国是一个多民族国家，元朝统一的历史意义，在于巩固和发展了多民族的统一国家，它使历来由少数民族地方政权统治的地区统一归于中央政府管辖之下，更加强了中央与地方、中原与边疆的联系及各民族间的联系。同时，它建立的行省制度延续了下来，直到今天，我国的各省、自治区基本上还是在原来行省的基础上建立起来的。

它的统治虽然对封建的汉政策有所借鉴，但是并没有从根本上汲取中华文化的精髓，也没有很好地掌握中国人的特点。在建国初期，不仅没有像中国历朝历代那样实行休养生息的“仁政”，而是推行民族等级制度，将全国民众划分为四个等级，蒙古人享有各项特权，而汉族人则处于最下层，无社会地位可言。尤其是身处社会最底层的劳动人民，更是备受煎熬，苦不堪言。而且在统治期间依然重武力轻文治，没有很好地调整统治政策，因此，元朝这个中国历史上幅员最辽阔、武力最强大的超级帝国，仅仅统治了九十多年就被各地的农民起义所推翻了。

【原文】

太祖兴，国大明，号洪武，都金陵。

【译文】

明太祖朱元璋建立了明朝，国号为洪武，建都南京。

【评析】

在元末的农民起义中最终取得胜利果实建立政权的是朱元璋。朱元

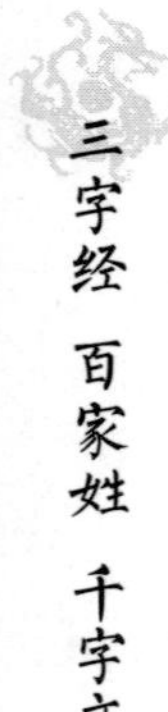

璋是安徽凤阳人，出身贫苦，幼时曾入皇觉寺为僧，是中国历史上极富传奇色彩的人物。他带领农民兴兵起义，南征北讨十八年，终于完成统一大业，改国号为明，定年号为洪武，建都金陵。

朱元璋是继刘邦之后中国历史上第二位平民皇帝，但是他却没有刘邦的容人之量，当他坐上皇帝的宝座后，为了使自己的统治更加稳固，曾大肆诛杀功臣，他在位期间，进行了三次大屠杀，被杀者达数万之多。中国文字狱的历史也是从明太祖开始的。朱元璋出身卑微，总是存在一种自卑心理，而且他本身没有受到过良好的文化教育，对一些文章并不了解其内涵。因此，对于文字的禁忌有时到了可笑的地步，但是触犯忌讳的惩罚却十分残酷。文字狱的大兴使得封建士子个个噤若寒蝉，八股取士制度的确立也使文化的发展受到了禁锢。朱元璋以流血手段对统治阶级内部进行了大清洗，贯彻了“以猛治国”的方针。

当然，朱元璋的统治也不是一无是处，他为了巩固北方的防御重新修建了全长 12000 里的长城，我们今天看到的万里长城大都是明朝留下来的。对于统治内部，朱元璋澄清吏治加强中央集权；对于其他民族则采取宽容的民族政策；对于外部邻国则建立起友好的睦邻关系。这一系列的措施，都为朱氏王朝的巩固打下了坚实的基础。

【原文】

迨成祖，迁燕京，十六世，至崇祯。

【译文】

等到成祖朱棣即位，实现了迁都北京的计划。从太祖建国到崇祯皇帝，明朝传了十六世。

【评析】

明成祖朱棣将首都由南京迁到燕京，也就是今天的北京。明成祖迁都燕京对于防御蒙古和经营东北有着重要的意义，有助于巩固边防和维护统一。从此以后，北京便成为明朝的首都，直至崇祯亡国。

明朝是我国商品经济的萌芽和发展时期，这一时期，封建经济逐渐解体，中国南方地区出现了手工作坊和独立的手工业者，商品经济的发展是社会进步的表现，只可惜明代的统治者依然采取中国传统的“重农抑商”的统治政策。因此，使得中国的商品经济发展缓慢，而且逐渐落后于世界发展的脚步，可以说中国的社会发展是在这一时期开始掉队的，从此中国经济便告别了世界的领先地位。

明朝的统治也已经走向了封建社会的晚期，中央集权的统治方式不断加强，然而内部统治却越来越腐朽。厂卫制度的建立使政治更加腐败，统治权逐渐落入了宦官手中，造成了明末的宦官专权。明代帝王为了更好地巩固自己的统治，监督群臣和人民的言行，建立了以宦官掌管的锦衣卫以及东厂和西厂。厂卫的监控无孔不入，宦官也由此掌握了国家的实际统治权。然而，“防民之口，甚于防川”，对于民众的过分控制和宦官的腐朽统治终于导致了轰轰烈烈的农民起义，断送了明王朝的命运。

【原文】

权阉肆，寇如林，至李闯，神器焚。

【译文】

宦官专权的情况十分严重，农民纷纷起义。等到李自成自称闯王，建立了政权，崇祯帝自缢，明朝灭亡。

【评析】

宦官专权是明朝腐朽统治的一大特色，在明武宗时有“八虎”，指以刘瑾为首的八个太监，他们气焰嚣张、目无法纪、祸国殃民；到了明熹宗时的魏忠贤，更是人称“九千岁”，几乎与皇帝比肩了，他成立了万人组织的宦官武装，将厂卫制度推向了顶峰。明朝的政治在宦官的统治下腐败到了极点，再加上苛捐杂税，致使民怨沸腾、流寇四起，各地纷纷发动起义，内部腐朽的明王朝就在浩浩荡荡的起义浪潮中被湮灭了。

当时最有名的“土匪流寇”就是李自成，他自称闯王，率领农民起义军直闯北京，途经各地都有“闯王来了不纳粮”的歌谣传唱，因此，闯军所向披靡，攻无不克。崇祯皇帝见大势已去，自缢于煤山，结束了明朝 277 年的历史。李自成在攻下北京后建立大顺政权。但是，李自成并不具有守成的能力，在占领北京期间被胜利冲昏了头脑，没有及时地巩固自己的政权，所以当吴三桂引清兵入关之时，才猝不及防、仓皇溃退。可见，只靠匹夫之勇而无深谋远略去打天下，其胜利来得快去得也快，农民起义需要正确方针的指导，才能取得最终的胜利。

【原文】

清太祖，膺景命，靖四方，克大定。

【译文】

清军入关后，清世祖顺治皇帝在北京登上帝座，平定了各地的混乱局面，使得老百姓可以重新安定地生活。

【评析】

吴三桂引清兵入关，赶走了李自成，同时也使满族建立的清政府成为中华大地的主宰。清世祖自称接受天命，入主中原平定各地的流寇作乱，使天下恢复安定。清世祖即为顺治皇帝。清朝初年为了控制汉族人民的思想，大兴文字狱，采取高压的民族政策。但是它的统治还是以中国传统的封建体制为主，统治思想也是正统的儒家思想，延续传统的“重农抑商”政策，对人民采取安抚的政策。在这种条件下，经济得到了持续的发展，人民的生活相对

稳定，尤其是康熙、雍正、乾隆三代，更是出现了历史上有名的“康乾盛世”。

但是，清代所处的社会阶段已经是封建社会的末期了，不管它的经济如何繁荣，相对于世界的其他地区而言已经是处于落后的地位了。而且，清朝为了防止明朝后期的倭寇骚扰现象，更实行了闭关锁国的政策，从而割断了中国同世界的联系。因此，在自己已经被世界所淘汰的同时，却还做着“天朝上国”的迷梦。最后在西方列强的坚船利炮的攻击下，国门终于又一次打开，而这一次面对的不是各国的朝供而是列强的分割。清政府的统治名存实亡，中国两千多年的封建历史也随之结束。

【原文】

廿二史，全在兹，载治乱，知兴衰。

【译文】

二十二史书，全在这里，它们记载着历代的治和乱，读了这些就知道历史上兴衰的道理。

【评析】

中国古往今来所有的历史，上自三皇五帝下至清朝共有二十五个朝代全部浓缩在这里，它记载了每一个朝代是如何从治到乱，如何从兴旺走向衰亡的。“读史使人明智”，从各朝代的治乱过程中，可以了解到兴衰的原因，我们应当吸取历史的教训，才不会重蹈覆辙。中国的历史如同一幅浩繁的长卷，其中既有辉煌灿烂的太平盛世，也有四分五裂的屈辱历史；既有贤君明臣，也有昏君佞臣。每一个朝代都有其治乱的原因，同时也都有其盛衰的根据。正因为它“载治乱”，所以今人才能“知兴衰”。

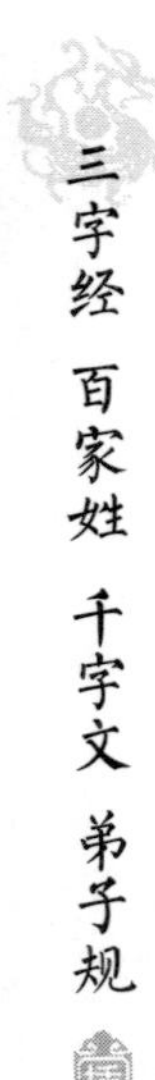

历史又是一个延续的过程，活在今天的人们也终将进入历史的长河，今人如能吸取古人的教训便可以成为后世的榜样。当然，时代是在不断发生变化的，世界上没有一成不变的定律，古代成功的方法和进步的思想在今天不一定适用。因此，借鉴历史并不等于生搬硬套，学习历史要学习它的精髓和内涵，只有学会以发展的角度看问题，以变通的方式运用历史，才能做到古为今用，发挥历史的最佳效用。学会运用历史，才是学习历史的最终目的。

【原文】

读史者，考实录，通古今，若亲目。

【译文】

读历史的人应该更进一步地去翻阅历史资料，了解古往今来事情的前因后果，就好像是自己亲眼所见一样。

【评析】

上面的内容是对中国历史的总的概括，是一个提纲挈领式的总结，要学习真正的历史就需要大量地阅读史书，史书中记载了更为详细和具体的内容。这里又要重新回到开始学史时谈到的问题，学史要有实录精神，既要借鉴史书，又要学会辨别所记史实的真伪，这就需要学者具有一种寻根究底的精神，通过各种渠道，查阅各种典籍，了解事件的前因后果，发掘历史的本来面目。

中国的正史通常都是下一个朝代整理和修订的，朝代的更替和历史的变换，难免掩盖和抹杀掉许多历史的本真。公正、严谨和注重考据虽然是修史者必备的素质，但是也难免会因为受到统治者的干预和自己思想的限制，写出一些与历史本真相违背的言论。所以，读史并不能只纯粹地读古人修好的正史，读史要有怀疑的精神，并且要学会从多种途径了解历史。通过参考实录、十通、帝王起居注、历代奏议等具体的史料，甚至艺术典籍、诗歌、戏曲、传说等多种渠道去发现各个时代的不同面貌，如此才能“通古今，若亲目”。

【原文】

口而诵，心而惟，朝于斯，夕于斯。

【译文】

我们读书学习，要有恒心，要一边读，一边用心去思考。只有早早晚晚都把心思用到学习上，才能真正学好。

【评析】

上边提到了青少年要读的一些书，由小学而书，由书而经，由经而子，由子而史。读书要有先后的顺序，同时又要有正确的方法才能心领神会。读书不仅要用口更要用心。口头的背诵的确可以帮助初学者记忆一些难以理解的内容，中国传统的教学方法排在第一的就是背诵，不管学生是否能理解都先要反复背诵，先记住内容再说，至于文章的内涵以后再慢慢讲解，慢慢体会，所谓“读书百遍，其义自现”。这种教学方法既然存在了几千年，当然有它的实用价值。但是，对于一个初学者来说，要去记忆一些不知所云的东西确实显得有些枯燥和乏味，如果能够加上老师的讲解，自然可以事半功倍。所以，现在的教学方式是十分注重理解的，只有理解了才能很好的帮助人们去记忆。

对于学生而言，能否学有所成最重要的是要看自己有没有恒心和毅力，有没有真正把书读进去。学生读书除了勤学之外还要善思，善于思考才能学到书中的精华，同时还要一心一意，只有“朝于斯，夕于斯”

不间断地学习才能获得真知，“三天打鱼，两天晒网”的态度又怎么会有好的结果呢？

【原文】

昔仲尼，师项橐。古圣贤，尚勤学。

【译文】

从前，孔子是个十分好学的人，当时鲁国有一位神童名叫项橐，孔子就曾向他学习。像孔子这样伟大的圣贤，尚不忘勤学，何况我们普通人呢？

【评析】

让我们来看看古代圣贤是如何提高自身的吧，一个人若能具备这些学习的素质，离圣人的距离便不远了。

在这些好学者之中，首当其冲的便是孔圣人。孔子不耻下问的故事有很多，这里提到的是他能够虚心向一个只有七岁的神童项橐求教的故事。“项橐三难孔夫子”，使孔子心服口服。孔子可以向一个七岁的孩童求教，真可谓做到了自己所说的“敏而好学，不耻下问”，一个人能有多大的成就就要看他胸襟有多大的容量。孔子虽为圣人，但是仍能感觉到自己的不足，不断充实自己，活到老学到老，而且抱定“三人行，必有我师焉。择其善者而从之，其不善者而改之”的信念，于是才成为学富五车又德高望重的圣贤，受到世人千载的顶礼膜拜。

现代人最缺乏的就是这种谦虚的学习态度，总是觉得自己的东西已经够用了，而且总是觉得别人不如自己，目过于顶、不可一世，岂不知自己根本就是“墙上芦苇，头重脚轻根基浅；山间竹笋，嘴尖皮厚腹中空”。人若没有点不耻下问的精神又怎么可能获得渊博的知识？古人的学习态度是每个现代人都应该去反思和学习的，见贤思齐应该成为每个人上进的动力。

【原文】

赵中令，读《鲁论》，彼既仕，学且勤。

【译文】

宋朝时赵中令——赵普，他官已经做到中书令了，天天还手不释卷地阅读《论语》，不因为自己已经当了高官，而忘记勤奋学习。

【评析】

宋朝的开国丞相赵普，虽然已经位极人臣，但是依然手不释卷，经常手捧《论语》认真研读，据说他的治国之策都是从《论语》中得来的，有“半部《论语》治天下”的美谈。他曾辅助太祖赵匡胤平定天下，等到太宗即位时仍想以之为相，但听说他只知道读《论语》，其余并无所长，于是就询问他，赵普答道：“臣有《论语》一部，昔吾以其半辅太祖定天下，今欲以其半辅陛下治天下。”太宗于是拜其为相。辅佐两朝国君施政皆以《论语》，可见《论语》之殊胜可贵。

而赵普能够以宰相之尊仍如此好学，可见学习与地位没有什么必然的联系，得到了自己想要的地位之后并不代表你就可以扔掉手中的敲门砖，地位越高越需要有坚实的知识基础作为支撑，否则自己的位子是坐不久的。同时，学贵精专，人若能将一本书读精读透，并且学以致用，就算一生只研究一本书也照样能取得辉煌的成就。天道酬勤，赵普的故事告诉人们：学无止境，无论处于什么样的地位和人生状态，都要抱定活到老、学到老的学习态度。

【原文】

披蒲编，削竹简。彼无书，且知勉。

【译文】

西汉时路温舒把文字抄在蒲草上阅读，公孙弘将春秋刻在竹子削成的竹片上。他们两人都很穷，买不起书，但还不忘勤奋学习。

【评析】

“披蒲编”讲的是西汉路温舒读书的故事，而“削竹简”则是西汉公孙弘勤学的故事。在我国古代，读书是上层社会的子弟才有的待遇，而且在汉以前非世家没有藏书，寒门之士若想读书无疑是一种奢望。但是，我国古代并不乏一些通过自己的努力跻身仕途的寒门学子，他们又是如何做到有书可读的呢？看一下路温舒和公孙弘的传说就会略知一二了。

在西汉，还没有出现纸张，所谓“书”多是写在绢帛皮筒之上的。而这种昂贵的东西贫苦人家是根本买不起的。西汉的路温舒，家贫无力买书，于是就将割回来的蒲草截成与竹简一样尺寸，并将其编连在一起，将借来的书抄在蒲席上，然后利用牧羊的时间阅读。最后官至临淮太守，并且成为西汉著名的法律专家。另外一个出身寒门的西汉名臣公孙弘，他出身贫贱，但是并不自甘平庸，直到他五十多岁的时候，还经常跑到竹林里把竹子削成竹简，把借来的书抄在竹简上面，并且利用放猪的时间拿来阅读，最后也终于学有所成，成为汉武帝时期的名臣。

今天，人民生活富裕，国家更是提出“百年大计，教育为本”的口号，莘莘学子身处于一个良好的学习环境之中，国家为了青年一代的教育更是加大投入，现代人不愁没书读，更不用像路温舒、公孙弘那样去“披蒲编，削竹简”，但是他们那种刻苦的学习精神仍然是值得现代的学子们去学习和效仿的。

【原文】

头悬梁，锥刺股。彼不教，自勤奋。

【译文】

晋朝的孙敬读书时把自己的头发拴在屋梁上，以免打瞌睡。战国时苏秦读书每到疲倦时就用锥子刺大腿，他们不用别人督促而自觉勤奋苦读。

【评析】

古往今来能够成就一番事业的人都是通过自己的刻苦努力获得的，要想成为一个有学问的人必须自觉地刻苦读书。因为求知这件事任何人也代替不了，只有通过自己努力才能获得。学习是一份自觉的工作，让人监督和督促是达不到预期效果的。要想学习，自己就要确立奋斗的目标，有了目标才能找到努力的方向，才会有学习的动力。有了动力就能够严格要求自己，将学习当作责无旁贷的事情。晋朝的孙敬和战国时的苏秦就是这样自觉严格要求自己的人。

晋朝的孙敬，非常勤奋好学，每天读书都读到很晚，为了避免打瞌睡，于是在头发上绑了绳子，悬挂在头顶的木梁上，当他打瞌睡时，绳子扯动头发，就会因此痛醒，再继续用功，“头悬梁”就是指孙敬；战国时的苏秦，发愤勤学，每当他疲倦昏昏欲睡的时候，就用锥子刺自己的大腿，让自己清醒，提醒自己不能懈怠，这就是“锥刺股”的故事。

这两则故事告诉人们读书需要靠自觉，刻苦不是逼出来的，而是自己发自内心的一种对知识的渴求。要懂得，学习不是为了别人，知识是唯一一种别人抢不走的财富。自己能得到多少东西就要看自己付出了多大的努力，自由散漫是终难成大器的。

【原文】

如囊萤，如映雪，家虽贫，学不辍。

【译文】

晋朝人车胤，把萤火虫放在纱袋里照明读书。孙康则利用积雪的反光来读书。他们两人家境贫苦，却能在艰苦条件下继续求学。

【评析】

古代穷人学习要克服许多困难，没有条件创造条件也要读书学习。家里没有书，就自己去造，路温舒披蒲编，公孙弘削竹简；晚上没有油灯读书也要发挥自己的奇思妙想，车胤囊萤，孙康映雪，就是这样的故事。

晋朝时的车胤，由于家中贫苦，无钱买油点灯读书，于是他就抓些萤火虫放在网袋中，利用一闪一闪的微弱萤光来读书。另外一位名叫孙康，同样没有晚上读书的条件，他发现下雪的夜晚如同白昼，于是便整个冬天都不畏严寒读书于雪夜之中。他们的努力都没有白费，成功之神更眷顾那些为理想付出过艰辛努力的人。囊萤、映雪的故事也随着他们成功而成为千古美谈，更成为激励青年人勤奋上进的典范。他们在那样恶劣、贫困的条件下，却没有向困难低头。学习不能怨天尤人，更不要找借口，不要说自己没有条件，条件都是自己创造出来的。

囊萤、映雪的故事是要启示人们，若想要学习并获得真知就不要受客观条件影响，环境是死的，人是活的，没有什么是不能克服的，难以克服的只是人的惰性和依赖性。现代人的读书环境可谓舒适，既不用囊萤，也不用映雪，读书条件虽然是有了，可是有不少人学习的精神却丢了。

【原文】

如负薪，如挂角，身虽劳，犹苦卓。

【译文】

汉朝的朱买臣，以砍柴维持生活，每天边担柴边读书。隋朝李密放牛把书挂在牛角上，有时间就读。他们在艰苦的环境里仍坚持读书。

【评析】

“如负薪”的典故，说的是汉武帝时会稽郡太守朱买臣的故事。朱买臣未入仕前，因家贫又好读书，不得不靠卖薪度日。每次卖柴，他都是且行且诵古书，自得其乐，后来终于学有所成，为武帝所赏识。“如挂角”的典故，说的是隋朝李密的故事。李密少年时代，以放牛为生，故此常坐在牛背上读书。《新唐书·李密传》记载：“闻包恺在缑山，往从之。以蒲鞯乘牛，挂《汉书》一帙角上，行且读。”“挂角”的典故就是出自这里。

现代人不好读书的另一个借口就是“没时间”。的确，在当今社会中人们的工作压力确实很大，腾出大段的时间读书也是不现实的事情。但是时间是挤出来的，要学会挤时间，把用于休息和娱乐的时间每天都挤出一些来留给学习，自然能够积少成多，集腋成裘，经过一段时间之后自然能发现自己的提高。朱买臣和李密都能够在负薪、放牛时还抽出时间来读书，现代人自然也能抽出时间来为自己充电了。何况时代发展如此迅速，只有在学习中不断充实自己才能不被社会所淘汰。

【原文】

苏老泉，二十七，始发愤，读书籍。

【译文】

唐宋八大家之一的苏洵，号大泉，小时候不想念书，到了二十七岁的时候，才开始下决心努力学习，后来成了大学问家。

【评析】

苏老泉指的是宋代的苏洵，苏洵年少时不喜欢读书，到了二十七岁时才忽然觉悟，开始发愤读书。但是，他的努力并没有在科场上获得应有的回报，于是他愤而将自己所著文章付之一炬，并放弃了为科

考而读书的念头，开始为自己而读书。他重新精读《六经》和诸子百家，通过五年的养精蓄锐，终于可以下笔千言、如有神助。他的文章文风古朴、文理深邃、文意幽远，他写下著名的《六国论》，得到欧阳修等文坛领袖的赏识，成为“唐宋八大家”之一。苏洵和他两个儿子苏轼、苏辙也被后人合称为“三苏”。

苏洵的成功在于他的幡然悔悟和锲而不舍的精神。虽然他的起步很晚，而且科场蹭蹬，但是他并不气馁，始终坚持不懈。其中有一点值得注意的是，他不再为了别人、为了科举而读书，懂得了为自己而读书之后，才使得自己能够排除名利的干扰，才不至于患得患失，才能有一个健康的心态去对待自己的学习。苏洵正是意识到了这一点才能够放下包袱，竭尽全力地去汲取知识，才有了后来的成功。人学什么不重要，重要的是能够端正自己的学习态度，若只是为了获得功名利禄去学习，那么就不会有根本的长进，学到的东西也只是皮毛而已。

【原文】

彼既老，犹悔迟。尔小生，宜早思。

【译文】

像苏老泉上了年纪，才后悔当初没好好读书，而我们年纪轻轻，更应该把握大好时光，发奋读书，才不至于将来后悔。

【评析】

苏洵等到年纪很大才后悔读书太迟。青少年时期正是读书的好时机，如果不懂得珍惜，便要像苏洵一样“老大徒伤悲”了。所谓“黑发不知勤学早，白首方悔读书迟”。少年时代是读书的黄金时期，过了这个时期，人体的各项机能都将发育成熟，而人的记忆力也逐渐呈衰退的趋势，再想弥补浪费掉的青春，就要花上几倍甚至几十倍的精力，而且效果也未必比原来好。所以，年轻的学子应该懂得“勤学早”的道理，珍惜现在的每一寸光阴，才不会有“白首方悔读书迟”的遗憾。

当然，如果你已经错过了这个黄金时期，也不要懊恼，更不要自暴自弃。如果真的理解了学习的真谛，从现在开始读书还来得及，尽管不再具备像年少时那样的记忆力和理解力，但是依然还可以学到知识。不要放弃每一个可以学习的机会，年龄是一个障碍但却不是不能克服的。苏洵尚且可以在二十七岁开始读书，而且其真正发奋之时已近不惑之年，然而他却取得了如此大的成绩。这对于那些“读书迟”的人无疑是一种激励。洪应明也在其《菜根谭》中说：“日既暮而犹烟霞绚烂，岁将晚而更橙橘芳馨。故末路晚年，君子更宜精神百倍。”只要能真正的下工夫，什么时候努力都不算晚，千万不要把悔恨带进棺材。

【原文】

若梁灏，八十二，对大廷，魁多士。

【译文】

宋朝有个梁灏，在八十二岁时才考中状元，在金殿上对皇帝提出的问题对答如流，所有参加考试的人都不如他。

【评析】

如果苏洵的事例还不能激励你的话，那么就来看看这位八十二岁的老状元吧。北宋年间有个文人叫梁灏，少年时曾立下誓言不考中状元誓不罢休。结果时运不济屡试不中，受尽别人讥笑，但梁灏并不在意，更不气馁。梁灏从后晋天福三年开始应试，历经后汉、后周，直到宋太宗雍熙二年才考中进士。他在金殿之上对答如流，终于得偿所愿，脱颖而出成为状元。

成功源自于不懈的努力，有志者事竟成，凡是立定的志愿，只要坚持不懈，努力去做，就一定会获得成功。也许我们并不知道成功离自己有多远，但是路还是要走下去的，因为每走一步都会离它更进一步。很多人都在离成功只差一步之遥的时候放弃了，因为他们觉得走累了，就像“为山九仞，功亏一篑”的道理一样，很多人不能坚持到最后，因此成功便与他们失之交臂。“伏久者飞必高，开先者谢独早。知此，可以免蹭蹬之忧，可以消躁急之念”，如果都能像梁灏一样只要认准目标就一直走下去，那么没有几个人是不能成功的。人们往往在遇到难题或者失去信心时选择放弃，因为放弃是一件很容易的事情，放弃意味着自己可以不再负重前进，但是同时也代表着之前的努力全部付之东流。而且如果只要遇到困难就选择放弃的话，那么所有的成功也都会与你擦肩而过，最终你将一事无成。

【原文】

彼既成，众称异。尔小生，宜立志。

【译文】

梁灏这么大年纪，尚能获得成功，不能不使大家感到惊异，钦佩他的好学不倦。而我们应该趁着年轻的时候，立定志向，努力用功就一定前途无量。

【评析】

像梁灏年纪虽大还在用功，而他的成功除了让众人称奇外还应该带给我们更多的启示。成功的背后是孜孜不倦的努力。学者要认识到没有任何力量比知识更为强大。要使自己变为一个强者就要立定志向努力学习，用知识武装起来的人是不可战胜的。曾国藩在致诸弟的信中说："盖士人读书，第一要有志，第二要有识，第三要有恒。有志则断不甘为下流；有识则知学问无尽，不敢以一得自足，如河伯之观海，如井蛙之窥天，皆无识者也；有恒则断无不成之事。"可见，立志对一个人来说是至关重要的，同时还要有识、有恒，有了这三者无论做什么事情都不会成问题了。

作为一个年轻人，正是承蒙上天眷顾的时候，也正是立志发奋的时候，早一步立志就会比别人早一天到达终点。给自己的人生确定一个目标就不会在人生的旅途上失去方向，同时也就有了不断前进的动力，在遇到艰难险阻时便会以乐观的态度对待，才不会轻易地放弃。因此，立志是通往成功的第一步，早立志，立长志，这是人生的第一个课题。

【原文】

莹八岁，能咏诗；泌七岁，能赋棋。

【译文】

北齐有个叫祖莹的人，八岁就能吟诗，后来当了秘书监著作郎。唐

朝有个叫李泌的人，七岁时就能以下棋为题而作出诗赋。

【评析】

如果苏洵、梁灏这些大器晚成的事例还不能激起青少年的斗志的话，那就来看看这些少年得志的神童们吧。看看自己与他们相比到底存在着怎样的差距。

祖莹，字元珍，自幼好学，八岁就能吟诗，《魏书·祖莹传》中记载：祖莹“八岁能通《诗》、《书》，父母恐其成疾，禁之不能止，常于父母寝睡之后燃火读书。由是声誉甚盛，时号为圣小儿。”李泌，字长源，七岁时便以聪慧闻名，受唐玄宗召见，时玄宗正与宰相张说下棋，便命其以棋艺中的“方圆动静”为题作诗，张说先做示范道：“方若棋盘，圆若棋子。动若棋生，静若棋死。”李泌吟道：“方若行义，圆若明智。动若骋才，静若得意。”令玄宗啧啧称奇，张说更称他为“小神童”。

面对这些少年得志的小神童，作为同龄人是否应该感到惭愧呢？

【原文】

彼颖悟，人称奇，尔幼学，当效之。

【译文】

他们两个人的聪明和才智，在当时很受人们的赞赏和称奇，现在我们正是求学的开始，应该效法他们，努力用功读书。

【评析】

祖莹和李泌两人很小就显示出惊人的才华，这和他们的智慧是分不开的，但是人的天赋并不是起决定性作用的因素，因为只有聪明是成不了大才的。即使聪明如祖莹和李泌者，也是每天手不释卷，祖莹好学，十二岁为中书学生，时时沉湎于书籍，夜以继日地苦读。父母担心他身体会出问题，禁止他读书，晚上不给他火种。他暗将火种藏在灰里，等到父母都睡熟了，就用被子把窗户遮盖起来，点起灯读书。李泌也是爱书如命，他曾历任肃宗、代宗、德宗三朝，官至宰相，封邺侯，家中藏书过万余卷，是宋以前最大的藏书家。

由此可见，他们的成功同样源于自身的努力与刻苦。人的智商并不存在天壤之别，天才与蠢材的差距来自于用功的多少。祖莹和李泌都是那种能把读书当成乐趣的好学之人。而且懂得“学贵有恒”的道理，“学问之道无穷，而总以有恒为主”，所谓“绳锯木断，水滴石穿，学道者须加力索；水到渠成，瓜熟蒂落，得道者一任天机”，若能锲而不舍，自然金石可镂。少年儿童若有如此的精神，想成为现代的李泌和祖莹也不是不可能的事。

【原文】

蔡文姬，能辨琴；谢道韫，能咏吟。

【译文】

在古代有许多出色的女能人，像东汉末年的蔡文姬能分辨琴声，晋朝的才女谢道韫则能出口成诗。

【评析】

蔡文姬，名琰，生于东汉末年，是东汉大儒蔡邕的女儿，她从小受到家庭的熏陶，自幼便博学多才，具有过人的音乐天赋。她六岁的时候，有一天父亲蔡邕在大厅中弹琴，忽然看到庭院里面有一只猫和老鼠在搏斗。蔡文姬便在房中问父亲的琴声之中为何伏有杀机之声。蔡文姬能从琴声中辨出杀伐之音、听出吉凶之兆，所以说她“能辨琴”。谢道韫，晋朝宰相谢安的侄女，王羲之之子王凝之之妻。谢道韫识知精明，天资聪颖，有一次谢安召集儿女子侄讲论文义，俄而大雪骤下。谢安问道："白雪纷纷何所似？"谢安八岁的侄子谢朗回答道："撒盐空中差可拟。"七岁的谢道韫说："未若柳絮因风起"，谢安听后大悦并大加赞赏，这一咏雪名句盛为时人所传诵，后人也因此常以"咏絮才"来称颂才情非凡的女子。

封建礼教统治下的中国，女子是极没有社会地位的，更没有受教育的权利，在"女子无才便是德"的道德规范下，一个女孩子要读书学艺是非常困难的，蔡文姬和谢道韫能有如此的才思更是十分难能可贵。

【原文】

彼女子，且聪敏，尔男子，当自警。

【译文】

像这样的两个女孩子，一个懂音乐，一个会作诗，天资如此聪慧，身为一个男子汉，更要时时警惕，充实自己才对。

【评析】

蔡文姬辨琴和谢道韫咏吟的事例在这里是用来激励那些不学无术的男孩子的。《三字经》原本是封建文人所作，思想中自然包含着重男轻女的倾向。并且说出"尔男子，当自警"的话，可见偏见之深。当然，这些都是受到时代局限的结果，在"三从四德"的教化熏陶下，不要说男子认为女子应该无才，就是女子自己也把无知理所当然地当成了美德。"巾帼不让须眉"可以成为美谈，但是却被认为是不合理的，因此才会把才女们的故事当成警醒男子的工具。旧的时代有旧的思想，这些旧思想自然是落后的，而且已经被新的时代所抛弃。现在男女平等，女子享有与男子同等的各种受教育的权利，这是社会的进步。

古代男尊女卑的思想自然不足取，然而这些智慧女性的故事还是值得今人去称道和学习的。在那样的时代背景下，这些才女们仍能有如此高的成就，那么在时代如此开放的今天，作为女性是不是应该更加珍惜眼前的大好时机，发愤图强，闯出属于自己的一片天空呢？当然，无论男女都应该从中受到教育，努力搞好自己的学业，才能成为一个对国家有用的人。

【原文】

唐刘晏，方七岁，举神童，作正字。

【译文】

唐玄宗时，有一个名叫刘晏的小孩子，才只有七岁，就被推举为神童，并且做了负责刊正文字的官。

【评析】

刘晏，字士安，唐代著名的理财家。年七岁，举神童。累官殿中侍御史，迁度支郎中，杭、陇、华三州刺史。寻迁河南尹，入为京兆尹，再拜户部侍郎，举颜真卿以自代。宝应二年，迁吏部尚书平章事，领度支盐铁转运租庸使。坐事罢相，诸使如故。晏以转运为己任，开三门渠津遗迹，岁运米数百万石，以济关中。晏理家俭约，而重交敦旧。视事敏速，乘机无滞。在职十余年，权势之重，邻于宰相。后为杨炎诬构死。史书称刘晏“其理财常以民为先”。他主理财政数十年，死后家里仅“唯杂书两乘，米麦数斛”而已。

刘晏七岁时就饱读诗书，通过童子科的考试，作了翰林院的正字

官，负责校对典籍、刊正文字等工作。传说有一次，唐玄宗问他："卿为正字，正得几字？"刘晏答道："臣凡《四书》《五经》都能正，唯'朋'字正不得。"后来玄宗一查证才知道，原来当时朝廷里很多人朋比为奸，所以刘晏说无法正"朋"字，就是这个道理。

这里将刘晏生平和故事介绍得如此详细，就是要告诉学子们，刘晏不仅年少做官令人称奇，而且一生为官清正，颇有建树，无论从人品还是才学上都是值得人们学习的对象。

【原文】

彼虽幼，身已仕。尔幼学，勉而致。

【译文】

刘晏虽然年纪这么小，但却已经做官来担当国家给他的重任，我们应该像他一样在幼小时就发奋学习，直至成功。

【评析】

刘晏小小年纪就已经做了官，而且能够洞察世事、针砭时弊，这对于一个小童来说实在是难能可贵。作为与刘晏一样的青少年应当以他为榜样，同样是人，别人能做到的自己也一样可以做得到。孟子说过："舜人也；我亦人也"，既然同生为人，那么圣人可以做到的，自己就应该也能做到，而大多数人做不到并不是由于没有圣人的能力，而是缺乏圣人的精神。"人之气质，由于天生，本难改变，唯读书则可变化气质。古之精相法《者》，并言读书可以变换骨相。欲求变之之法，总须先立坚卓之志"，学习是通往圣贤之路的最佳途径，它可以改变人的一生。每个人都拥有成为圣贤的权利，只不过有的人选择了逃避，有的人半途而废，只有坚持下来的才能成为圣贤之人。

作为已经在学习的道路上探索的人们来说，如果想学有所成，就要有明确的方向，想要成为什么样的人就朝什么方向去努力，并且一旦锁定目标，千万不能见异思迁、半途而废。只要按部就班地走下去，不急功近利，不畏惧困难，就一定能实现自己的理想。

【原文】

有为者，亦若是。

【译文】

要想成为一个有用的人，只要勤奋好学，也可以和刘晏一样名扬后世。

【评析】

世界上但凡有些作为的人，无不是通过自己的努力获得成功的，刘晏是如此，上面提到的其他历史人物也是如此，他们都是通过自己的顽强毅力最终到达成功彼岸的。不仅如此，这些成功人士都把学习当成是自己的事情，他们懂得只有学到手的东西才是属于自己的，谁都抢不走，就像曾国藩说的那样："吾人只有进德、修业两事靠得住。进德，则孝悌仁义是也；修业，则诗文作字是也。此二者由我做主，得尺则我之尺也，得寸则我之寸也。今日进一分德，便算积了一升谷；明日修一分业，又算余了一文钱；德业并增，则家私日起。"金钱会散尽，财富会用完，只有知识会随着自己的修为不断增长，而且一旦学到手就会伴你终身，而且用之不竭。

认识到这一点，同时还要加上自己的专心和恒心，因为学习是应该

伴随人的一生的，不能只凭一时的意兴和兴趣做事。否则，就会像《菜根谭》中所说的那样“凭意兴作为者，随作则随止，岂是不退之轮；从情识解悟者，有悟则有迷，终非常明之灯”。因此，“学者要收拾精神，并归一路”，“如修德而留意于事功名誉，必无实诣；读书而寄兴于吟咏风雅，定不深心”。

【原文】

犬守夜，鸡司晨，苟不学，曷为人？

【译文】

狗在夜间会替人看守家门，鸡在每天早晨天亮时报晓。人如果不能用心学习、迷迷糊糊过日子，有什么资格称为人呢？

【评析】

万事万物都有自然界所赋予的特质，如狗能看门、鸡会报晓。动物尚且各司其职，而作为万物之灵的人类又该如何呢？人类是有思维能力的，所以，自然赋予人的使命当然是掌握各门知识去征服自然。人如果不能把自己的聪明才智用在学习上，就会应了“人不通古今，马牛而襟裾”这句话。何况“天地有万古，此身不再得；人生只百年，此日最易过。幸生其间者，不可不知有生之乐，亦不可不怀虚生之忧”。人生苦短，如不把握有限的时光，最终后悔的将是自己。

在短暂的一生中，总要为后人哪怕是为自己留下一些什么，才算不枉此生。“春至时和，花尚铺一段好色，鸟且啭几句好音。士君子幸列头角，复遇温饱，不思立好言，行好事，虽是在世百年，恰似未生一日。”

若想不令自己的一生虚度，就要珍惜眼前的每一寸光阴，用学习来充实自己，以奉献来回馈社会，使自己的人生变得花团锦簇般丰富、精彩。

【原文】

蚕吐丝，蜂酿蜜，人不学，不如物。

【译文】

蚕吐丝以供我们做衣料，蜜蜂可以酿制蜂蜜，供人们食用。人要是不懂得学习，以自己的知识、技能来实现自己的价值，真不如小动物。

【评析】

在动物的王国里，蚕和蜜蜂是非常渺小的，然而它们却也是最为勤奋的。“春蚕到死丝方尽”，蚕的一生是在勤劳工作和无私奉献中度过的，它吐尽最后一口丝，用自己渺小的生命为人类织就美丽的锦缎；“酿得百花成蜜后，为谁辛苦为谁忙？”蜜蜂辛勤一生，采集百花，酿成蜂蜜，为人们的生活带来甜蜜和芳香。这些小动物用微小的生命为人类做出了如此大的贡献，人类如果连自己都不肯努力学习，不为这个世界做一点贡献，岂不是连小昆虫都不如了吗？

当然，人跟动物又有着本质的区别，动物的活动是出于自己的本能，而人却是有思想的，可以主宰自己的人生。生活是一种态度，每个人都会选择不同的方式度过自己的一生，但是无论选择怎样的人生都离不开学习知识。人的命运是可以由自身去掌握的，而学习就是改变人类自身命运的制胜法宝，人类只有通过不断的学习，才能掌握前人留下来的知识，并以此来开拓更深、更广泛的知识领域，不断地改善人类自身的生存和生活环境。

【原文】

幼而学，壮而行，上致君，下泽民。

【译文】

我们要在幼年时努力学习不断充实自己，长大后能够学以致用，替国家效力，为人民谋福利。

【评析】

学以致用是学习的根本目的，知识是要拿来运用的，如果只有满腹经纶而没有致用能力，那么就等于把书读死了，书若读死了，学得再多也不会有实质性的作用。只有活学活用，即使不能“上致君，下泽民”，也可以用学到的知识为大众服务，有一分光发一分热，如此才不枉费自己一生所学，对后人也有所帮助。

人在年少时学到的知识都是为以后的实际运用做积累，同时应该了解到读书是为了学习知识，但是读书并不是学习知识的唯一途径。人类的知识都来自实践，没有实践作为基础的知识体系是不牢靠的。古人说：“读万卷书，行万里路”，书固然要读，但是路更要去走。这里的路不仅是要人们通过游历增长见闻，更是要人们将自己原来学到的知识拿来验证，看它是否经得起实践的考验。知识的体系只有更加牢固，才能更好地应用于社会。

【原文】

扬名声，显父母，光于前，裕于后。

【译文】

如果你为人民做出应有的贡献，人民就会赞扬你，而且父母也可以得到你的荣耀，为祖先都增添了光彩，也给后代留下好的榜样。

【评析】

每个父母都希望儿女能够事业有成。“扬名声，显父母”，是做儿女的能给父母最大的安慰。孔子说：“身体发肤，受之父母，不敢毁伤，孝之始也。立身行道，扬名于后世，以显父母，孝之终也。”因此，这也是一种孝道的体现，曾国藩也在家书中说：“天下似无戡定之理，吾唯以一‘勤’字报吾君，以‘爱民’二字报吾亲。”而一个人能否“扬名声，显父母”，要看他对社会贡献的大小。通过多年的学习和积累之后，我们已经掌握了一定的知识，当然这些知识是远远不够的，还需要不断地充实，可是对于年轻人来说正是回报社会、树立根基的最佳时期，将自己储备的知识学以致用，并且在实践中继续学习才是一个正确的方法。当然，一个人成就的大小不只是自己的事情，它取决于自身对社会贡献的大小，真正的名人应该是对社会有用的人，人民会把更多的荣誉献给那些对社会奉献更多的人。

对于社会奉献的大小，要看一个人能力的大小，而一个人能力的大小与他所受的教育往往是成正比的，所以这又回到了原来的老问题上，就是一定要在学习文化技能的时候把基础打牢，如此才能在以后的运用过程中得心应手，才能做出更多的贡献。这样，不仅可以“扬名声，显父母”，还能够“光于前，裕于后”。

【原文】

人遗子，金满籯。我教子，唯一经。

【译文】

有的人遗留给子孙后代的是金银钱财，而我并不这样，我只希望他们能精于读书学习，长大后做个有所作为的人。

【评析】

每一位父母都希望为自己的孩子创造更好的条件，使他们的人生能够更加一帆风顺。因此，为人父母者都会在有生之年竭尽所能，尽量多地为孩子积累财富，生怕自己的身后儿女生活不如意。他们认为只有财富这种东西才是实实在在的，然而却忘了再多的财富都不是取之不尽用之不竭的，当这些有限的金钱花完的时候，以后的生活又当如何维持呢？所以，与其留给子女“金满籯”，不如让他们学习文化知识，学会为

人处世的道理。有智慧的父母懂得知识是人类最宝贵的财富，他们无不教导子女“幼儿学，壮而行”，让他们明白做人的道理，长大以后行道做德，立身于社会。

《三字经》看似是一部简单的启蒙教材，但是它其中所涵盖的知识容量却是十分丰富和广博的。它不仅是一部高度浓缩的中国文化史，用极简单的文字将经史子集各部类的知识糅合在一起，而且更将为人处世、修身种德的方法和思想融会其中，对于人生具有不可估量的指导价值，值得人们去细细品读和体味。

【原文】

勤有功，戏无益，戒之哉，宜勉力！

【译文】

反复讲了许多道理，只是告诉孩子们，凡是勤奋上进的人，都会有好的收获，而只顾贪玩，浪费了大好时光，将来是一定要后悔的。

【评析】

《三字经》的全文到此为止，它归根结底讲的是一个教与学的问题，教有方，学有恒，才能取得最佳的效果。而在教与学的过程中起主要作用的还是学，老师教得再好也需要学生的积极配合，否则一切都是空谈。同时，学习是一种自觉的工作，若想学有所成就需要自己去下一番苦功，勤奋是每一个成功者必备的素质。

古人说“一勤天下无难事”，又说“勤一分有一分的收获，闲半刻少半刻的光阴”，还说“业精于勤，荒于嬉，成于思，毁于遂”，可见勤奋对于学者的重要性。读书是没有捷径和窍门的，勤奋扎实看似是最笨的方法，却也是最有效的方法。勤奋也可以为人们带来机遇，是通向成功的大门，“勤则有材而见用，逸则无能而见弃，勤则博济斯民，而神祇钦仰，逸则无补于人，而神鬼不歆。是以君子欲为人神所凭依，莫大于习劳也。”同时，勤奋不是一时的心血来潮，不是“三天打鱼，两天晒网”；勤奋是一点一滴的积累，是永不言弃的恒心。只有了解了勤奋的真正含义并且一直坚持下去，那么才会一步一步接近成功的目标。

插图版

三字经百家姓千字文弟子规

百家姓

赵钱孙李　周吴郑王

赵在中国十大姓中排行第七，分支姓十一个，马姓人最多。赵姓来源，流传最广的是以封地为姓。周穆王喜欢出外游玩，常常一去就是几个月。江淮一带徐堰父有一次趁机叛乱，周穆王急忙坐着造父驾驶的千里马回朝。成功平定叛乱后，周穆王论功行赏，数造父功最大，于是穆王就赐给造父赵地，造父的后代子孙就以封地为姓。

【历史名人】

赵匡胤

赵胜：平原君，以“食客数千人”而著称，是春秋时期赵氏最负盛名的人物。赵雍：即赵武灵王，他提倡“胡服骑射”，始创骑兵，这是中国军事史上的一大进步。赵公明：相传秦时得道于终南山，人称之为“赵公元帅”，被奉为“财神”。赵云：三国时蜀国大将，为“五虎上将”之一。赵文渊：北周著名书法家，擅长楷、隶书。当时碑文多出其手，又在西魏时奉命编定了一部六体书法字典。赵匡胤：即宋太祖，宋代的开国皇帝，结束了五代十国的分裂局面，统一了中国。赵孟頫：元代杰出书画家。精于正、行书和小楷，其笔法圆转遒丽，人称“赵体”。赵翼：清代史学家、文学家。长于史学，考据精赅，其诗与袁枚、蒋士铨齐名，并称“江右三大家”或“乾隆三大家”。

钱主要以官名为姓氏，源于彭姓。上古时有个长寿的人，活了八百多岁，史称彭祖。到西周时，彭祖有个孙子叫彭罕，担任周王朝金库的主管，专门管理朝廷的钱币，称钱府上士。因祖父名，去掉“竹”字头即是他的官名，他就改以官为姓，子孙后代奉他为钱姓的祖先。

【历史名人】

钱起：唐代大诗人，字仲文，吴兴人，天宝年间考中进士，为“大历十才子”之一，与郎士元齐名，世称“钱郎”。有《钱考功集》。钱谬：五代政治家，吴越国的创立人，公元907年至932年在位。居梁时被封为吴越王。钱易：北宋钱姓成名最早的名人，浙江人，十七岁时考取进士，时人称他“有李白才”。钱谦益：明末清初文学家。

钱谬

孙 春秋时期楚国有个人，叫蔿傲，字孙叔，称孙叔傲，是楚国的名臣。孙叔傲曾经为避难逃到云梦，有一次下地干活见到两头蛇。当时传说谁见了两头蛇谁都要死，孙叔傲为避免他人再见此蛇而遇难，就把蛇杀死埋了。结果孙叔敖非但没死，反而被楚王召回朝廷，委以大任。他的子孙以他的字为姓。

【历史名人】

孙武：春秋末期伟大的军事家，齐国人，应用了五行相生相克的原理，编撰成《孙子兵法》，成为对当时乃至今后的战争具有指导意义的兵学盛典。孙膑：战国时期军事家，孙武后裔。受庞涓暗害，受膑刑，故称孙膑，著有《孙膑兵法》。孙权：三国时期吴国的建立者，具有雄才大略，骁勇无比，后人有“生子当如孙仲谋”之说。孙思邈：唐初著名的医学家，著有《千金药方》、《千金翼方》，后人尊其为药王。

孙思邈

李 姓人最多，来源也有很多种，流传较广的是以下这种。商纣王时期，有个叫理征的大臣，执法公正不阿，由此得罪了商纣王，被杀。其妻携子理利贞逃难，靠一种果树的果子才能活命。为纪念果树的果子（木子），理利贞就将姓改为李。其后代也沿袭了这个姓氏。

【历史名人】

李耳：春秋末期思想家、哲学家，道家创始人。李冰：战国时期蜀太守，修建了驰名中外的水利工程都江堰，被后世奉为川神。李广：西汉名将，以勇敢善战著称，有“飞将军”之称。李世民：唐太宗，缔造了贞观盛世。李白：唐代著名浪漫主义诗人，人称“诗仙”。李清照：南宋女词人。李时珍：明代医学家，著有《本草纲目》。李自成：明末农民起义领袖，人称“李闯王”。

李世民

周为十大姓氏之一。以国号为姓，源于姬姓。上古时期，后稷本姓姬，由于对农业贡献巨大，被帝尧任命为专管农业的农师，后改为后稷。他的后代建立了一个以农业为主的部落。在夏朝后期，这个部落在周原定居。部落首领的后代灭商建立周朝，也就是著名的周文王。周姓由此产生。

周敦颐

【历史名人】

周瑜：三国时吴之名将。周昉：唐代以画肖像、佛像著称的著名画家，与顾恺之、陆探微、吴道子三人并称为“四大人物画家”。周敦颐：北宋著名哲学家，理学创始人，著有《爱莲说》。周邦彦：北宋著名词人，平生创作了许多新词调，开南宋格律词派之先河。

周瑜

吴姓也是人数众多的姓氏之一。源于火神吴回之后。吴回是远古一位杰出的半人半神的人物，是颛顼高阳氏的曾孙老童之子，到高辛氏时代，吴回迁居吴人之地而称吴回，担任管火之官，叫祝触。其子陆终生了六个儿子，长子名叫樊，住在山西安邑昆吾，称昆吾氏。古字“吾”与“吴”同，因此后代以吴为姓。

【历史名人】

吴起：战国时期著名军事家。吴广：秦末农民起义领袖。吴道子：唐代著名画家，被后人奉为“画圣”，有“吴带当风”的美誉。吴承恩：明朝小说家，著有《西游记》传世。吴敬梓：清代人，以小说《儒林外史》而著称的杰出讽刺作家。吴沃尧：清代著小说家，著有《二十年目睹之怪现状》。吴昌硕：清代著名的篆刻家、书画家，工诗，善书法，尤精篆刻。

吴起

郑姓源于姬姓。西周末年，周幽王叔叔被封为郑桓公。由于幽王无道，郑桓公借故把家迁到荥阳一带居住。后来周幽王烽火戏诸侯，招致杀身之祸，其子即位为周平王。郑桓公之子趁护送周平王动迁之机，武力占领虢郐之地，建立郑国。战国时，郑国被韩国所灭，其后代迁到陈、宋之间，以亡国为姓。

【历史名人】

郑国：战国时期的水利家，开凿灌渠，称为“郑国渠”。郑虔：唐朝学者、画家。诗词、书法、画俱佳，玄宗皇帝为之题字“郑虔三绝”。郑光祖：元朝著名剧作家，他和关汉卿、马致远、白朴一起被誉为“元曲四大家”，有代表作《倩女离魂》。郑和：明航海家，曾奉命率船队七下西洋。郑成功：明末名将，曾收复台湾。郑板桥：清朝书画家，善画兰竹，书法所创的“板桥体”独具风格，是“扬州八怪”之一。

郑成功

王是华人第二大姓，来源最为复杂，这里介绍其中一支，源于子姓之王。商纣王叔叔比干，为人正直公正，见纣王昏庸无道，十分着急，不惜冒生命危险进谏纣王，惹恼纣王。纣王说："听说圣人心有七窍，你是圣人，让我看看你的心是不是七窍。"于是命人将比干的心挖出，比干因而遇害。由于比干是王子，因此后代以王为姓，称子姓之王，奉比干为始祖。但王姓并不是由一个来源传下来的，以汉族来说，有的是周文王的后代，有的是虞舜的子孙，许多外族也改姓王，而且还有一些人被赐姓为王。

王安石

【历史名人】

王昭君：西汉元帝时宫女，为人正直贤贞，请嫁出塞与匈奴和亲。王羲之：东晋书法家，被后人奉为"书圣"。王勃：著名文学家，为"初唐四杰"之一。王安石："唐宋八大家"之一，北宋时期著名政治改革家、文学家。王蒙：元代杰出画家，以画山水著称，创"水晕墨章"法，为"元四家"之一。王实甫：著名戏剧家，其最杰出的作品为《西厢记》。王夫之：清初著名思想家。

冯陈褚卫　蒋沈韩杨

冯以封地为姓，出于姬姓。传说春秋末期，郑国有个大夫叫简子。当时，郑国执政是名相子产，每到关键时刻，子产都要向简子征询意见。二人配合十分默契，让郑国在纷乱的年代能保持相对的安全。郑王将冯（古字为冯字右边加个包耳旁）地封给简子，人称他为冯简子，后来简化为冯氏，其后人就以冯地为姓。

【历史名人】

冯奉世：汉代左将军，以破羌之功，被封为关内侯。冯嫽：中国第一位女政治家、女外交家，随汉解忧公主远嫁和亲到了乌孙国，协助公主加强汉朝同西域诸国之间的友好关系，世称“冯夫人”。冯异：东汉光武帝的征西大将军，军功彪炳，被封为阳夏侯。冯梦龙：明末小说家，辑有话本小说《喻世名言》、《警世通言》、《醒世恒言》，合称“三言”。冯道：五代时历任四朝宰相。冯子材：清末著名的老将军，在广西镇南关、谅山等地大败法国军队，取得镇南关大捷，其名威震边关。冯玉祥：近代爱国将领。

冯异

陈 居十大姓氏之五，人口众多。以部落名为姓，起源于陈丰氏。陈和阵古时是一个字，含义是将战车排列在国界以保卫土地，同时黄帝发明的高转车响声在宋以前一直是“陈”音。上古时有个陈丰氏部落，起源于陕西岐山县附近。黄帝孙子侨极娶陈丰氏生帝喾（音酷），帝喾娶陈氏女又生帝尧，大约五千年前陈氏部落随黄帝族东迁河南宛丘。其后便以部落名“陈”为姓，这是最早的陈姓。

【历史名人】

陈平：西汉大臣，与张良齐名，史称“良平”。陈群：三国魏时尚书，曾建议选任官吏，实行九品中正制。陈寿：西晋著名史学家，著有《三国志》。陈祎：唐代玄奘法师的俗名陈祎，撰有《大唐西域记》。陈抟：宋初道士，作《太极图》、《先天图》等。陈天华：清末民主革命的先驱者，著有《警世钟》、《猛回头》。

褚 以食邑为姓氏，出于子姓。春秋时期，宋共公有个儿子名叫段，字子石，人称子石段，任管理市场的官，叫褚师，封地在褚。他的儿子肥就以封地为姓，人称褚肥。由于宋国国君的祖先原是纣王兄微子，因此褚姓人也是殷商后裔。

【历史名人】

褚遂良：唐高宗时，封河南郡公，任尚书右仆射，世称“褚河南”，与欧阳询、虞世南、薛稷并称唐初四大书法家，有集及墨迹传世。褚廷璋：清乾隆二十八年进士，官至翰林院侍读学士，著有《西域图志》、《西域同文志》、《筠心书屋诗钞》。

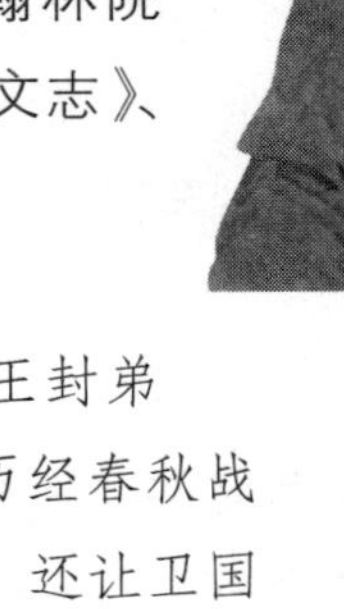

褚遂良

卫 源于姬姓，以国名为姓。周武王封弟弟康叔于卫，建立卫国。卫国历经春秋战国，终被魏国吞并。秦始皇统一中国后，还让卫国最后一个君王姬角保留称号，直到秦始皇去世后一年才贬为平民。其子孙后代就以亡国为姓。

【历史名人】

卫青：汉武帝时名将。卫子夫：汉武帝皇后。卫铄：后人尊称为卫夫人，指导王羲之父子学习书法，东晋望族卫灌之女。

卫青

蒋 源于姬姓，以国名为姓，是姓氏来源最纯正的姓氏。《姓纂》：“周公第三子伯龄封蒋，子孙氏焉。国在汝南期思县，宋改为乐安。”周公旦的三儿子伯龄封于蒋国，为蒋国国君。春秋后期，蒋国被楚国灭，子孙后代以失国为姓，从而流传下来。

【历史名人】

蒋诩：西汉末年州刺史，以廉直著名。蒋琬：三国时蜀汉著名大将军，诸葛亮称他为“社稷之器”，诸葛亮死后，他曾代诸葛亮执政，任大将军、录尚书事等职。蒋防：唐代文学家，著有唐传奇《霍小玉传》。蒋植：明代戏曲作家、文学家，曾任翰林院编修，作有杂剧、传奇 16 种，诗文负盛名，与袁枚、袁翼并称“江右三大家”。蒋廷锡：清康熙文华殿大学士，工诗善画。

沈 以封地为姓。《姓纂》上说：“周文王第十子晡季食采于沈，因氏焉。今汝南、平舆、沈亭，即沈子国也。”另一种说法，战国初期，楚国奸臣费无极当道，残害忠良，搞得民怨沸腾。有个叫戍的人见楚国面临灭国境地，就不顾安危，发动政变，杀了费无极，挽救了楚国，被封沈县，为县尹，因此被称为沈戍尹。其后代就以封地为姓，奉他为沈姓始祖。

【历史名人】

沈约：南北朝文学家、史学家、声律学家，《二十四史》中《宋书》的作者。首创“四声”之说。沈佺期：唐代著名诗人，与宋之问齐名，并称“沈宋”，曾官至太子少詹事、修文馆直学士。沈既济：唐代文学家，长于史学，又善作小说，撰有《建中实录》10卷及传奇小说《枕中记》、《任氏传》等。沈括：宋代科学家，著有《梦溪笔谈》。沈周：明代画家，为明代吴门画派四家之一。

沈括

韩 以封地为姓，源于姬姓。周初，成王奉弟弟叔虞于唐，后改称晋，是春秋时期大诸侯国。晋公族中有一支叫姬万的因功被晋献公封于韩原，称为韩武子，曾孙韩厥，以封地为姓，由此流传下来。

【历史名人】

韩非：战国末期思想家，法家集大成者，韩国公子。韩信：西汉初期官至大将军，封为楚王，后贬为淮阴侯，与张良、萧何并称“兴汉三杰”，著有《兵法》三篇。韩愈：唐朝文学家，“唐宋八大家”之首，是古文运动的倡导者，被称为“百代文宗”。韩世忠：南宋大将，他与岳飞同是南宋抗金民族英雄。

韩愈

杨 源于姬姓，以国名为姓。西周末年，周宣王的小儿子尚父，被封在杨地（在今山西洪洞东北，古国名）为侯。春秋时，杨国被晋国吞并，杨侯的后人就以国名为姓，奉尚父为杨性始祖。

【历史名人】

杨雄：西汉著名辞赋家、哲学家、语言学家。杨坚：隋文帝。杨炯：唐代著名诗人，12 岁时被称为神童，后与王勃、卢照邻、骆宾王齐名，并称为“初唐四杰”。杨贵妃：名太真，小字玉环，深得唐玄宗宠爱，通晓音律。杨业：又名继业，北宋名将，曾败契丹十万之众于雁门关。杨延昭：北宋名将，杨业之子。杨万里：南宋诗人，其诗与尤袤、范成大、陆游齐名，称“南宋四家”。杨涟：明朝人，上疏弹劾魏忠贤 24 大罪，被迫害致死。杨深秀：清末人，光绪进士，戊戌政变发生后，与谭嗣同等同时被害，为“戊戌六君子”之一。杨秀清：清代太平天国起义主将，被封为东王。

杨坚

朱秦尤许　何吕施张

朱　源于曹姓，以国名为姓。传说上古颛顼帝玄孙陆终有六个儿子，第五个儿子叫安，赐姓曹。周初，周武王分封诸侯，将曹安的后代侠封在邾地，人称邾子侠。春秋时，邾国被楚国灭，其后代就以封地为姓。后来简化为朱。

朱元璋

【历史名人】

朱亥：战国勇士，魏国人。朱买臣：汉代名臣。朱士行：三国时第一个去西域求法的僧人。朱温：后梁太祖，五代梁王朝建立者。朱熹：宋朝哲学家。朱元璋：明朝开国皇帝。朱载堉：明朝音律学家、数学家。朱柏庐：清代学者，治学用程、朱为本，提倡知行并进，其《治学格言》世称《朱子家训》。

秦 源于嬴姓，以地名为姓。大骆有个庶子叫非子，被周孝王封在秦谷，非子有一支后裔以秦城、秦谷地名为姓，奉非子为秦姓始祖。秦姓，另外还有一种姓源，那就是被周武王封在鲁国的周公之子伯禽的后代。《姓氏辨证》上说："伯禽受封鲁国，裔孙以公族为大夫者，食采于秦，以邑为氏，望出太原。"

【历史名人】

秦越人：即战国时名医扁鹊，他治病以诊脉为名，创立了望、闻、问、切"四诊法"。秦琼：唐时名将。后被民间奉为"门神"之一。秦观：北宋词人，与黄庭坚、晁补之、张耒并称"苏门四学士"。秦九韶：南宋杰出数学家，著有《数书九章》，对"大衍求一术"和"正负开方术"有深入研究，世称"秦九韶程疗"。秦良玉：明代著名女将，被封为"忠贞侯"，是古代著名巾帼英雄。

秦观

尤 姓古已有之。《宋史》记载：有个姓石的女子嫁给一个姓尤的商人，夫妻感情很好。一次，商人经商久不归家，妻子因思念成疾而亡。妻子死后变成大风，阻碍商船行走，人称石尤风。

【历史名人】

尤袤：南宋诗人、大臣，绍兴进士，累官至礼部尚书兼侍读，诗与杨万里、范成大、陆游并称"南宋四大家"。尤世功、尤世威、尤世禄：陕西榆林卫人，明末将领。尤侗：明末清初文学家、戏曲家，参与修纂

《明史》，被康熙称为“老名士”。尤珍：名尤侗子，号沧湄，清代官吏、诗人，著有《沧湄类稿》、《日卒示录》。尤怡：清代医学家、诗人，著有《伤寒贯珠集》、《金匮心典》、《医学读书》、《静香楼医案》等。尤澹仙：清代学者，名列吴中十子，著有《晓春阁诗词》。尤荫：清代书画家，著有《出塞诗钞》、《出塞集》、《黄山集》。尤渤：清朝将领，第一次鸦片战争时，任安徽寿春镇总兵，他率部猛烈反击，将进犯松江府的英军击退，旋升江南提督。

许 上古时期就有此姓。上古有个名士叫许由，淡泊名利，隐居深山。帝尧几次请他做官，他都拒绝了。他还跑去溪水边洗耳朵，认为帝尧那些让他当官的话，把他的耳朵玷污了。后来，许由的后人就以他的姓为姓，流传下来。

【历史名人】

许行：战国楚国人，主张“贤者与民耕而食，饔飧（自理炊事）而治”，反映了古代社会中农民的一种理想。许劭：三国魏国的大名士，好评论人物，时称汝南“月旦评”。曾评曹操为“治世之能臣，乱世之奸雄”。许浑：唐代诗人，其诗作中有“山雨欲来风满楼”之句为世人传唱。许道宁：宋代画家，以擅写林木、平远、野水三景闻名。许衡：元朝理学家，与刘因、吴澄并称为元朝三大理学家。许夫人：元初农民起义女英雄。许慎：汉代文学家、思想家。著有《说文解字》。

许慎

何 源于姬姓，由韩转音。周武王弟弟叔虞封在韩地，春秋后期，晋国公族种韩氏成了三大姓氏之一，到了战国时，与魏、赵两国分了晋国，称为战国七雄之一。秦始皇统一中国后，韩姓子孙散于各地，有些散于江淮一带，由于当地“韩”、“何”同音，因此时间一长，韩就变成了何。

【历史名人】

何休：东汉杰出经学家，著有《春秋公羊解诂》、《公羊墨守》、《左氏膏肓》、《谷梁废疾》等。何晏：三国时玄学家，汉大将军何进之孙，与夏侯玄、开弼等为魏晋玄学的主要创始者之一。何承天：南朝宋时无神论思想家、天文学家，博通经史，精历算，曾考定“元嘉历”。何景明：明朝文学家，与李梦阳、边贡、徐祯卿并称“四杰”。

吕

吕　源于姜姓，以国名为姓。传说上古时共工有个侄孙名叫伯夷（不是许姓中的伯夷），因功劳大，尧任命他为礼官，制定出一套维护尊卑的礼法制度，因是心吕之臣，被封为吕侯，在距离河南南阳市西南32里的潦河建有吕国，子孙世为诸侯，历时约两千年，春秋时被楚国灭。公族后代就以国名为吕姓，以伯夷为始祖。周武王伐商时的主帅姜尚，字子牙，就是吕国公族子孙，所以又叫吕尚。

吕不韦

【历史名人】

吕不韦：战国时秦丞相，被封为文信侯，称为“仲父”，编著有《吕氏春秋》。吕雉：汉高祖皇后，人称吕后，曾辅佐刘邦平定天下，刘邦死后代理朝政。吕布：东汉末年名将，善弓马，力大无穷，时称“飞将”。吕蒙：三国时东吴名将，鲁肃曾称赞其“学识渊博，非复吴下阿蒙”。吕洞宾：号纯阳子，八仙之一，被道教全真教尊为北五祖之一。吕光：十六国时后凉（建都今甘肃武威）的建立者。吕留良：明末清初思想家。

施

施　源出夏朝，以国名为姓。《姓谱》记载，施氏出于夏诸侯，有施氏国王，其后代以国为姓。另一支施姓是周代的诸侯鲁惠公的后裔，鲁惠公的儿子名叫施父，是鲁国的大夫，传到惠公的五世孙之时，干脆以祖名为姓，以示与其他家族的不同。

施琅

【历史名人】

施雠：汉武帝独尊儒家之后专治群经的学者。施世瑛：唐朝安吉人，拜洮州刺史。施全：宋代忠义凛然的烈士，曾刺杀秦桧。施耐庵：元末明初文学家，编著有《志馀》、《水浒传》等。施琅：清代名将。施复亮：近代革命家。参加“五四”运动、上海共产主义小组，负责中国社会主义青年团工作。

张姓人口巨多，是一个古老的姓。黄帝与蚩尤大战时，开始处于劣势。黄帝第五子挥善观弧星，他从天上的流星得到灵感，创造了弓箭，迅速扭转了战争局面，最后黄帝大胜蚩尤，统一了黄河流域。黄帝就任命挥为监制弓箭的官：弓正，专门负责制造弓箭。挥为“弓正之长”，功不可没。黄帝就将挥赐姓为张，挥因而成了张姓和弓姓的始祖。

【历史名人】

张良

张良：西汉谋臣。刘邦称他“运筹帷幄之中，决胜千里之外”。张骞：西汉外交家，两次出使西域，建立起了我国与中亚各国的友好往来。张衡：东汉科学家、文学家，发明“浑天仪”、“地动仪”等。张陵：东汉末年，在四川灌县创立了“五斗米”（道）教，人称张天师。张仲景：东汉医学家，著《伤寒杂病论》，被后人尊为医圣。张遂：唐朝天文学家，他是世界上第一个测出子午线的人。张旭：唐代大书法家，人称“草圣”。张择端：宋代画家，绘有《清明上河图》。张之洞：清代洋务派领袖。

孔曹严华　金魏陶姜

孔子

孔 最早源出子姓，以姓和祖辈字相拼而成。相传上古时期，帝喾的第三个妃子简狄去宗庙祭祀，吃了一颗燕子蛋，从而怀孕生下儿子契。帝喾因他是吞卵而生，因此赐以子姓。后来，舜把商地封给契，他就成了商朝的始祖。夏末，成汤灭夏建立商朝。成汤字天乙，他的后代一支就把子姓和汤天乙的乙字相拼，从而成为孔姓。

【历史名人】

孔子：名丘，春秋时期鲁国人，春秋末期的思想家、政治家和教育家，儒家的创始者。孔仅：西汉时，武帝时任大农丞，后任大司农。孔融：汉末文学家，是“建安七子”之一。孔稚圭：南朝齐文学家。孔颖达：唐代经学家。孔巢父：唐代河中陕华等州招讨使。孔三传：北宋说唱艺人，首创诸宫调。孔尚任：清代戏曲作家，代表作《桃花扇》。

曹参

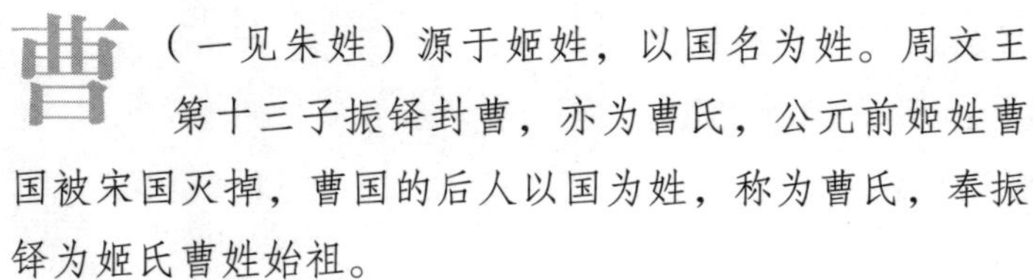

曹（一见朱姓）源于姬姓，以国名为姓。周文王第十三子振铎封曹，亦为曹氏，公元前姬姓曹国被宋国灭掉，曹国的后人以国为姓，称为曹氏，奉振铎为姬氏曹姓始祖。

曹操

【历史名人】

曹刿：春秋鲁庄公的时候，齐攻打鲁，提出“一鼓

作气，再而衰，三而竭”观点。曹参：汉初大臣，汉朝建立后，他被封为平阳侯。曹操：字孟德，三国时的政治家、军事家、诗人。曹植：著名诗人，建安文学的代表作家，被谢灵运誉为“才高八斗”。曹霸：唐代武卫将军，极善画马。曹雪芹：清著名作家，著有《红楼梦》。

严

源于庄姓，改姓而来。汉明帝前没有严姓，楚庄王后裔均姓庄，到汉代时成了大姓。东汉初年，汉明帝姓刘名庄，按照古制，庄姓为避讳必须改姓。但是放弃祖姓，无疑是侮辱先人，有个叫庄严的勇敢的人上书汉明帝，坚持不改姓，结果招致杀害。接着，陆陆续续又有一些不愿改姓的人被杀头，最后为了纪念那位勇敢的同族，庄姓人就改为严姓，封庄严为始祖。

【历史名人】

严彭祖：汉朝学者，精通“四书”、“五经”，对《公羊春秋》的解说尤为出名。严可均：清代文学家。严复：近代中国著名的启蒙思想家，主张向西方学习，提倡新学，实行改良，又译述赫胥黎的《天演论》，有“物竞天择，适者生存”的进化论观点。

华

以居住地名为姓，源于姒姓。《姓氏考略》载：大禹之孙仲康即位时曾去华山封禅，居住当地。这一支姒姓子孙就以居住地名华山的华字为姓，奉仲康为华姓始祖。

【历史名人】

华佗：汉末名医，精于方药、针灸及外科手术，又仿效虎、鹿、熊、猿、鸟的动态创为“五禽戏”。华歆：曾经被管宁“割席绝交”，曹丕篡汉的谋划者。华衡芳：清朝代数学家，精研数学，深明格致。

华佗

金

最早的金氏源于少昊金天氏之后，以祖辈名号为姓氏。

传说上古时黄帝的儿子少昊出生时，其母西陵螺祖看到一颗很大的星星，像飞虹一样坠下来，因而以金德天命名，死后被尊为西方大帝。按照古人的五行学说，西方属金，所以少昊又称金天氏。少昊后代中，有一支以金为姓，尊少昊为始祖。金姓的另外一支是源出匈奴休屠王子金日。金日于汉武帝初年，归顺于汉室，曾经侍帝数年，从未发生过失，深受汉武帝的重视，武帝临死前，与霍光同受遗诏辅政，是功在汉室的辅国大臣。至于他的得姓，则是由于他曾铸作金人以祭天，所以被赐姓金，其子孙延续下来。

【历史名人】

金日磾（mì dī）：西汉时大臣。金刚智：唐朝佛教密宗僧徒，南天竺人，来中国传教，曾译《金刚顶经》，唐玄宗时与善无畏、不空并称“开元三大士”。金圣叹：明末清初文学评论家，曾腰斩《水浒传》。金农：清代书画家兼诗人，楷书自创一格，号称“漆书”，为“扬州八怪”之一。

魏 源于姬姓，以国名为姓。《史记》载，周文王有个后代叫毕万，因毕国被西戎灭，就投奔晋国，成了晋献公大夫，后来跟随太子申出征，立下汗马功劳，晋献公就把刚灭掉的魏国封给他，他的子孙后代就以封地为姓。

【历史名人】

魏无忌：魏国信陵君，魏安厘王之弟，与齐之孟尝君、赵之平原君、楚之春申君并称“战国四君子”。魏延：三国时蜀汉名将，曾随刘备于蜀，以勇猛闻名，累迁为征西大将军，为南郑候。魏征：唐代名臣，太宗时，任谏议大夫，敢犯颜直谏，提出“兼听则明，偏信则暗”、“君，舟也；民，水也。水能载舟，亦能覆舟。”等治世名言。魏源：清末思想家、史学家、文学家，曾编撰《海国图志》，提出“师夷长技以制夷”的著名思想，

魏征

倡导改革变法。

陶 以官名为姓，源于虞姓。据《风俗通义》载：西周时舜帝之子商均的三十二世孙虞阙当了管理制陶业的陶正，他的子孙以他的官名为姓，奉虞阙为陶姓始祖。另外，尧最初封在“陶”，后来又徙到“唐”，称为陶唐氏。尧的子孙后来才会有的以陶为姓，有的以唐为姓。

陶渊明

【历史名人】

陶婴：春秋时代被列入《烈女传》，以节义传论千古。陶渊明：“不为五斗米折腰”的晋朝文学家，中国田园诗的开山鼻祖。陶侃：晋朝从军四十余年，果毅善断，朝运百甓于斋外，暮运于斋内，以励志勤力，竹头木屑，皆储以备用，谥号恒。

姜 我国最古老的姓氏之一，以出生地的水名为姓，源于神农氏。神农氏是中华民族的始祖炎帝，教会百姓种植，与黄帝齐名。炎帝出生的地方有条叫姜的河流（在今天的陕西岐山县西，即岐承），他以河名为姓，成为姜姓的始祖。另外，少数民族中也有姜姓。

【历史名人】

姜尚：又名吕尚，武王伐商时为军师，立了战功，被封在齐国，他尊重当地风俗习惯，简化政治制度，发展农业和渔业生产，民间称为姜太公。姜肱：汉代高士，为后世树立了好的榜样。姜维：三国时蜀汉大将，征拜西将军。姜才：南宋名将，以善战闻名。姜夔：南宋词人、音乐家，工诗，词尤有名，精通音乐，代表作《扬州慢》，一生未仕。姜彭：清初著名书画家，画羽毛盛称天下第一。

姜尚（姜太公）

戚谢邹喻　柏水窦章

戚继光

戚 源于姬姓孙氏，以封地为姓。春秋时期，卫公有个儿子叫公子惠孙，他的子孙都为孙姓。公子惠孙的七世孙孙林父是卫献公的上卿。后来，卫献公不理朝政，致使国力下降，孙林父就和另一个大卿将卫献公赶走，立献公叔叔秋为殇公。殇公将戚地封给孙林父，其后代就以封地为姓。

【历史名人】

戚夫人：汉高祖的宠妃，为吕后所害。戚鰓：汉代被封为表临侯。戚同文：宋代藏书家。戚崇僧：元代学者。戚继光：明代抗击倭寇的民族英雄。

谢 以国名为姓，源于任姓。据《世本》载：黄帝之后任姓中有十族，谢氏是诸侯国中之一。后来，谢姓失国，子孙分散四方，为怀念失去的国家，他们便以国名谢为姓。

【历史名人】

谢安：东晋人，孝武帝时位至宰相，在淝水之战中打败苻坚，使晋朝转危为安。谢玄：东晋名将，在淝水之战中起到了重要的作用。谢赫：南齐著名画家，著有《古画品录》，是我国最早的绘画理论书籍。谢灵运：南朝著名画家、文学家，曾任永嘉太守等职，文学称“江左第一”。开创了文学史上的山水诗派。谢朓：南齐诗人，

谢灵运

尤为李白所推许，是永明体作家中成就最高的诗人。谢清高：清代航海旅游家，今存《海录》一书。

邹 源于黄帝时期，以住地为姓。黄帝大败蚩尤后，对蚩尤的人进行处理，凶狠的人被赶往荒远之地，安分守己的人则安排在邹、屠两地定居，住在邹地的蚩尤人，就以邹为姓。

【历史名人】

邹忌：战国时期为齐威王宰相。邹阳：西汉文学家。邹元标：明万历进士，为东林党首领之一，与赵南显、顾宪成号为“三君”。邹守益：明代学者，官至南京国子祭酒，师从王守仁，强调“慎独”、“戒惧”，著作有《东郭集》。邹应龙：明朝嘉靖进士，曾上书揭发严嵩父子。邹伯奇：清代科学家，精通天文、历法、算术。邹容：近代中国民主革命先驱，有《邹容文集》。

喻 以谕改为喻，源于东晋时期。东晋氏有个叫谕归的人，生性耿直，说话心直口快，因此得罪了不少人，虽然满腹才华，却得不到重用。他有个儿子觉得爱管闲事是祸根，就偷偷把谕字的言旁换成了一个口字，意思是说只留一张嘴吃饭，免得惹是生非。从而有了喻姓，奉谕归为始祖。

【历史名人】

喻合：西晋隐士，隐居庐山北阜，布衣蔬食三十余年。喻凫：唐文宗进士，曾与唐代名诗人李商隐、方干、无可等唱和，有诗集一卷传世。喻皓：北宋初建筑家，擅长建塔，他所著的《木经》三卷是我国古代重要的建筑专著。喻汝砺：宋代官礼部员外郎，直秘阁学士，张邦昌僭立，趣百僚入贺，汝砺扪其膝曰：“不能为贼臣屈。”遂挂冠去，号扪膝先生，著有《扪膝稿》。喻樗：南宋进士，著有《中庸大学论语解》、《玉泉语录》。喻昌：清朝医学家，著有《喻代医书三种》，为中医最重要的著作之一。

柏 以国名为姓氏。周朝时，有柏国在今河南西平县西，后来被楚国所灭，他的子孙不忘其国，便以国名柏为姓，传于后代。

【历史名人】

柏良器：唐代左领军卫大将军，封平原王。柏子庭：元代画家。柏英：明代延安卫指挥史。柏从柱：明朝人，受皇命修堤，称为“柏家堰”。柏立本：清代著名画家、诗人。柏谦：清代书法家，学者。柏文蔚：近代资产阶级革命家、安徽都督。

水 指水为姓，如河氏、淮氏、胡氏等。古时战乱纷争，使得许多诸侯流落民间，自谋生路。有的傍水而居，靠渔猎为生，为避免迫害，他们以水为姓，江浙一带较多。

【历史名人】

水佳胤：天启进士，任礼部郎。精通典故，熟谙兵法，升任建宁兵备参议。后人为了纪念他的功德，在蓟州建造了水督庙。

窦 源出姒姓，以祖母逃生孔穴为姓。《风俗通义》记载，夏朝的建立者启的儿子太康即位后，不理政事，被后羿赶走，扶立太康的弟弟仲康即位。后来仲康的儿子相即位，相软弱无能，后羿又把相赶走，自己做了王。后羿做了王后，也不理政事，大臣寒浞又把他杀了，还派人去杀相。相的妃子缗有孕在身，趁乱从一个墙洞逃到娘家有仍氏避难，后生下儿子少康。少康长大后，励精图治，杀了篡权的寒浞，恢复了夏朝。少康的小儿子龙留在有仍氏，为了纪念祖母逃难时的墙洞，就以窦（洞、孔穴的意思）为姓，后代沿袭。

【历史名人】

窦婴：汉代大臣。窦宪：东汉平陵人，大破匈奴，登燕然山，刻石纪功而还，拜大将军。窦建德：隋末农民起义领袖，据河北诸郡，称夏王，建号五凤。窦燕山：五代后周人，教子有方，《三字经》中有“窦燕山，有义方。教五子，名俱扬”之句。窦默：元代医学家。

章 源出姜姓，以国名为姓。周初，周武王因姜子牙有大功，将齐国送给他，从此齐国成为一个大诸侯国。后来，姜子牙把鄣河的一块地分给一个孙子，建立了鄣国。齐国后来又灭了鄣国，鄣国的后裔就以失国为姓，慢慢简化为章，从此延续。

【历史名人】

章茂：明朝文官，礼部尚书。章潢：明代经学家。章楠：清代医学家。章学诚：清朝史学家，乾隆时进士，官为“国子监典籍”。章炳麟：近代民主革命家、文学家。

章炳麟

云苏潘葛　奚范彭郎

云 最早源于女娲，以祖辈为姓。相传远古时期，伏羲的妹妹女娲聪明伶俐，美丽大方。当时社会很乱，人人只知道母亲不知道父亲，女娲觉得这样的状况不适合社会发展，就制定出一套婚姻制度，人类这才从原始的母系氏族过渡到以家庭为单位的群体生活。伏羲死后，女娲被推任为王。由于女娲姓云，因此她的后代就延续了她的姓。

【历史名人】

云定兴：隋代人，以善制器仗见称，后累官至大将军。云表：唐末在江西豫章讲法，是法度最盛的佛学大师。云景龙：宋代乾道年间的慈州知府，良吏楷模。

苏 源出王姓，以国名为姓。相传，火神祝融由于为人类带来火种，为人类进化带来巨大贡献，因此他的很多子孙被封为诸侯。其中，有个叫昆吾子的子孙被封在苏地为侯。后来，苏国被夏朝灭，昆吾子的子孙就以失国为姓，从而流传下来。

【历史名人】

苏秦：战国著名外交家，有“锥刺骨”的典故流传。苏武：汉代忠臣，“苏武牧羊”的主人公。苏林：三国时魏大臣，博学多才，官至散骑常侍。苏洵：北宋散文家，深得欧阳修推誉，其文章闻名于世，“唐宋八大家”之一。苏轼：号东坡居士，北宋文学家，文与父洵、弟辙称“三苏”，诗与黄庭坚并称“苏黄”，词与辛弃疾合称“苏辛”。苏辙：北宋散文家，与父洵、兄轼称“三苏”，被称为“唐宋八大家”之一。苏舜钦：宋代文学家。苏曼殊：近代文学家，后为僧，号曼殊。

苏轼

潘 出于姬姓，以国名为姓。周初，毕公高的小儿子季孙封邑在潘。春秋时，潘被灭。季孙的子孙不再姓姬，而以失国为姓，封季孙为始祖。

【历史名人】

潘璋：三国时代东吴的名将，“走麦城”的故事中，关公父子就是被潘璋捉到并加以杀害的。潘岳：晋代文学家，以其文学才华及“美姿容”而著名，在文学方面，长于诗赋，文辞华靡，与陆机齐名，其《悼亡赋》为世传颂。潘美：宋初赵匡胤的大将，封代国公。潘季驯：明代水利家。潘德舆：明代诗人。潘柽章：明清之际学者，著有《国史考异》，顾炎武推其精审。潘耒：清初学者，博涉经史及历算声韵之学，曾参与纂修《明史》。潘奕隽：清初书画家，平生著述甚多。

葛 最早的葛姓源于葛天氏，以祖辈为姓。相传，远古时期有个部落首领叫葛天氏，他喜好听鸟声，并从鸟声中得到启示，创造了著名的古乐《葛天氏之乐》。他的子孙就以他的姓为姓，封他为葛氏始祖。《通志氏族略》上记载说："夏诸侯有葛伯，子孙以国为氏。"是由颛顼的嬴姓后代所建立，拥有今河南省蔡丘县东北的一片地方，后来，他们的子孙也"以国为氏"，姓了葛，并且一直繁衍到今天。

【历史名人】

葛洪：晋朝道士，著有《抱朴子》、《金匮药方》、《时后备急方》。葛泌：宋光宗的绍熙年间拜相。葛书思：宋代出名的孝子。葛胜仲：宋代湖州治律极严的知府。葛云飞：道光武进士，鸦片战争时期抗英名将。

奚 源于夏朝，以祖辈为姓。传说黄帝有个子孙叫奚仲，是个发明家，他第一个使用马拉车，并发明了相应的设施，避免了牛拉车的笨重。大禹因此任命他为车正，称为一大诸侯，并迁往邳。他的子孙后代就以他的姓为姓，一直延续下来。

【历史名人】

奚仲：夏禹之臣。奚涓：汉朝功臣。奚鼐：唐朝著名制墨专家。奚冈：清代画家。

范 一支源于夏禹，以模型为姓。《荒史》记载，禹收集天下的金铜，让巧工成光抟土为范。后来，就有人以范为姓。另一支是尧的子孙，尧的这一支子孙历经虞舜、夏、商诸代，称为唐杜氏，入周被改封于杜，不久被周宣王所灭，当时杜伯的儿子就跑到晋国，被任为士师，并因官命氏改姓为士，传到他的曾孙士会的时候，做了晋国的上卿，食采于范，于是，士会的子孙也按照当时"以邑为氏"的习惯，统统姓了范。

范仲淹

范蠡

【历史名人】

范蠡：春秋时越国上将军。范冉：东汉人，通五经，尤精于《易》和《尚书》。范宁：东晋经学家，推崇儒学，撰有《春秋谷梁传集解》，是今存最早的《谷梁传》注解。范缜：南朝齐梁时哲学家、无神论者，先后仕齐、梁，任尚书殿中郎、尚书左丞等职。范晔：南朝宋史学家，曾任尚书吏部郎，著《后汉书》。范宽：北宋杰出画家，与关全、李成形成了五代、北宋间北方山水画的三个主要流派。范仲淹：北宋大臣、文学家、政治家。范成大：南宋大诗人。范文若：明末戏曲家。

彭 源出陆终后代，以封地为姓。上古帝颛顼的玄孙陆终有六个儿子，三子被封在彭地，他就是著名的长寿老人彭祖。相传彭祖活了八百岁才去世。他的子孙就以封地为姓，封彭祖为始祖。

【历史名人】

彭咸：谏商君不听而投水死的殷大夫。彭越：汉初刘邦的开国功臣，后封为梁王。他与当时的韩信、英布被合称为“三王”。彭莹玉：元末红巾军领袖，徐寿辉部将领。彭孙贻：清诗画家，与同邑吴仲木同为名流，称“武原二仲”。彭端淑：清代学者。

郎 出于姬姓，以住地为姓。《通志》记载，春秋初年，鲁懿公有个叫费伯的孙子，是鲁国的大夫。费伯私自领兵占领了郎邑，把家安在那里，他的子孙就以住地为姓。

【历史名人】

郎士元：唐代诗人，工诗，擅长五律，与钱起齐名，时人喻称：“前有沈宋，后有钱郎。”郎瑛：明代文学家。郎葆辰：清代书法家。郎廷佐：清朝奉天广宁人，任江西总督，对于江西瓷器的制造进行改良，世称郎窑。

鲁韦昌马　苗风花方

鲁 源于姬姓，以国名为姓。周初，武王论功行赏，其中功劳最大的是姜尚和周公旦。武王将周公旦封在鲁国，即今天山东一带。春秋时，鲁国被齐国灭，他的子孙便以先国为姓，奉周公为鲁姓始祖。

【历史名人】

鲁仲连：以义不帝秦而被传诵千古。鲁班：春秋末期鲁国人，古代著名的建筑工匠，一直被奉为木工、石工、泥瓦匠等工艺部门的共同祖师，人称“鲁班爷”。鲁恭：东汉肃宗时主张“德化为治”的中牟令。鲁肃：三国时吴国名将。鲁丕：东汉名儒。鲁穆：明代清官。

韦 源于彭姓，以国名为姓。《唐书·宰相世系表》记载，夏帝少康把大彭氏的一个叫元哲的子孙封在豕韦国。夏末，豕韦国被商汤灭，他的子孙就以先国为姓。

【历史名人】

韦孟：西汉诗人，精通鲁诗，当时有韦学之说。今存有《在鲁诗》。韦皋：唐代名将，受封南康郡王。韦应物：唐代诗人，其诗以写田园风物著名，语言简淡，有《韦苏州集》。韦庄：前蜀名相，著名词人。韦昌辉：太平天国运动领导人之一。被洪秀全封为北王。韦云清：同盟会成员，为“黄花岗七十二烈士”之一。韦绍光：鸦片战争时，三元里人民抗英斗争英雄。

韦应物

昌 源于黄帝儿子昌意后代，以祖辈名为姓。《风俗通义》记载：黄帝有个叫昌意的儿子，一天晚上，他的妻子女枢梦见瑶池有一道耀眼的光华充满了天空，醒来就有了身孕，不久生下一个儿子高阳氏，就是后来的五帝之一的颛顼帝。颛顼有不少姓氏的子孙，一支以昌意的名为姓，延续下来。

【历史名人】

昌豨：汉代名士。

马 以封号为姓，源于赵姓。《姓纂》上是这样记载的："嬴姓，伯益之后，赵王子赵奢，封马服君，子孙氏焉。赵奢兴，赵灭，徙咸阳，望出扶风。"战国名将赵奢死后，赵王不胜悲伤，封赵奢为马服君。赵奢子孙钦佩祖父，就以他的封号马服为姓。后来，秦灭赵，赵奢孙子兴逃往他国，将马服去掉，就是马姓，后来繁衍成望族。

【历史名人】

马援

马师皇：黄帝时代著名兽医，善医马，又传说喜医龙，据说"乘龙仙去"，他被后世尊为兽医始祖。马援：东汉名将，伏波将军。马超：三国蜀将。马均：魏时机械制造家，因改革绫机，提高功效四五倍而闻名；后又创造翻车（即龙骨水车）、指南车等。马钰：宋代道士，钰后游莱阳，传说入仙宫羽化，赐号丹阳顺化真人。马远：南宋时著名画家，擅画山水，与夏圭、李唐、刘松年合称"南宋四家"。马致远：元代著名的杂剧和散曲作家，他与关汉卿、白朴、郑光祖被誉为"元曲四大家"。马秀英：明代朱元璋皇后。

苗 古老的姓氏之一。《说苑》记载，上古医苗父，尧时苗龙善画。

【历史名人】

苗晋卿：唐代名臣，拜左相，以太保致仕。苗发：唐代诗人，"大历十大才子"之一。苗守信：元代天文学家。苗道润：金代名将。

凤 源于上古，以官名为姓。上古黄帝的儿子少昊是东方部落的首领，东方部落以鸟为图腾。少昊曾统一中原，登基这天，百鸟来贺。根据东方部落习惯，少昊以鸟为官名，其中因凤鸟传说知天命，因此命凤鸟氏为最高长官。有任凤鸟氏的长官，他的子孙就以官名为姓，这就是凤姓。

【历史名人】

凤纲：汉朝道士，传说他“成仙”去向不明。凤山：清朝时满洲人，以番泽举人袭佐领，充骁骑营翼长，印务章京，累迁参领，总办北京东安巡捕分局。

花 源于范姓，以祖辈绰号为姓。春秋后期，有个智勇双全、英俊神武的人，叫范鞅，人称花将军。后来，范鞅有个叫范文琛的后代，因仰慕范鞅的风采，就以他的绰号为姓，后代沿袭。

【历史名人】

花敬定：唐朝叛将。花云：明初名将。花连布：清代满族名将。

方 以皇帝赐姓为姓，源于姬姓。周宣王时，有个姓姬，名褱，字方叔的大臣，勇猛善战。因平息南方叛乱有功，周宣王赐他的子孙姓方，于是流传下来。

【历史名人】

方孝孺　方腊

方腊：北宋末年浙江农民起义领袖，建立政权，自号圣公。方孝孺：明朝忠直大臣。方以智：明清之际著名的思想家、科学家，明末四公子之一。方维仪：明末女诗人，青年寡居，与其嫂共同教养其侄方以智，著有《清芬阁集》，又编历代妇女作品为《宫闺诗史》。方苞：清代文学家，“桐城派”创始人。方声洞：近代民主革命者，黄花岗起义中牺牲，为七十二烈士之一。

俞任袁柳　酆鲍史唐

俞　上古时候，黄帝有个叫柎的大臣，是个神医。无论多么病重的人，只要他来医治，总能让病人痊愈。因此，人们都叫他愈柎，由于愈和俞同音，后来就称他俞柎，他的后代就以俞为姓。

【历史名人】

俞柎：黄帝之臣，为良医。俞琰：宋元思想家、文学家。俞士吉：明代清官。俞大猷：明朝福建晋江人，官至福建总兵，杰出的爱国诗人。俞越：清代学者，潜心研究经学，著有《春在堂全集》。

任　以赐姓为姓。《唐书·宰相世系表》记载，黄帝将儿子禺阳封在任城，并赐禺阳的后代以封地为姓，由此流传下来。

【历史名人】

任不齐：孔子弟子，曾被唐朝皇帝追封为任城伯。任座：战国魏国贤臣。任昉：南朝梁著名文学家，仕宋、齐、梁三代，与当时的书法家沈约、王僧儒并称为三大藏书家。任仁发：元朝水利家、画家，善画马，其鞍马与赵孟頫齐名，著名的《二马图》是他的代表之作。任化邦：清末捻军起义首领，太平天国时期封为鲁王。任熊：清代著名画家，工书善画，长于人物，曾画《大梅山房诗意图册》120 幅，是其代表作。

袁　以祖辈名字为姓，源于妫姓，从陈姓分化而来。周初，胡公满被封为陈侯，他的后代有个孙子叫伯爰。伯爰的孙子就以祖父的名为姓，后代沿袭。由于古时爰、袁同音通用，到汉代就多为袁姓，爰反而不常见，由此流传下来。

【历史名人】

袁盎：汉景帝“七国之乱”时，曾奏请斩晁错以平众怒，“七国之乱”平定后，他就被封为太常。袁枢：南宋史学家，著有《通鉴纪事本末》四十二卷，记239事，各自独立成篇，为我国第一部纪事本末体史著作。袁宏道、袁宗道、袁中道三兄弟：明代文学家。袁崇焕：明末大将，著名军事家。袁枚：清代著名文学家、诗歌理论家，著有《随园诗话》，与薛士铨、赵翼并称“江右三大家”。

袁崇焕

柳 源出姬姓，以采邑为姓。春秋时，鲁孝公有个叫展的儿子，展的孙子无骇以祖父名为姓。展无骇有个儿子，叫展禽，为人正直，以帮助他人为乐。展禽死后，被门人谥号为“惠”，由于封邑在柳地，因此史称柳下惠。他的子孙后代就以柳为姓，由此延续。

【历史名人】

柳下惠：春秋时代的鲁国人，是制礼作乐的周公的后裔。柳宗元：唐宋八大家之一，中唐时期著名的文学家和哲学家，与韩愈齐名，并称“韩柳”，传世有《柳河东集》。柳公权：唐朝著名书法家，擅长楷书，结体劲媚，法度谨严，世称“颜筋柳骨”。柳开：宋初散文家。柳永：北宋著名词人，第一位大量创制长调的词人。

柳公权

酆 源出姬姓，以国名为姓。周初，文王的第十七子封在酆国为酆侯。后来，成王因酆侯不理政事就把他罢黜了，酆侯的后人就以国名为姓。

【历史名人】

酆舒：春秋时人，曾经在潞国当过首领，而被记入史书。酆去奢：宋代有名的道家，从小就信奉老子、庄子的学说，隐居茅山，传说其羽化成仙。

鲍 源出姒姓，以封地为姓。周初，武王分封圣人后代，把大禹的后人封在杞国。杞公有个儿子叫敬叔，任齐国大夫，被封在鲍城。敬叔有个儿子叫叔牙，以封地为姓，他就是鲍叔牙。鲍叔牙的后人就以鲍为姓，一直延续下来。

【历史名人】

鲍叔牙：即鲍叔，春秋时齐人，与管仲交，知管仲贤，后世言人之相知，必称管鲍。鲍照：南朝文学家。鲍忠：明代监察御史。鲍廷博：清代藏书家，家中藏书极富，乾隆时蒐访遗书，廷博进家藏书600余种，著有《花永轩泳物诗存》。

史 《路史》记载，黄帝时创造文字的“史皇”仓颉后代有史氏，相传是黄帝的史官。因此，史姓也是古老的姓氏。

【历史名人】

史籀：周宣王时书法家，相传他造有籀文（即大篆）。史鱼：春秋时卫国史官，以正直著称，临死时，还劝卫灵公进贤（蘧伯玉），去佞（弥子瑕），后人称为“尸谏”，他秉笔直书，堪称史家楷模。史匡翰：晋代著名儒将。史达祖：南宋著名词人。史孟麟：明朝理学家，他主张以理学为“国本”，以名节相砥砺，同时参与东林书院讲学。史可法：抗清名将，在兵困扬州时，他拒降固守，奋战到底，不幸英勇就义。史翁：清代诗人、画家。

史可法

唐 源于帝尧，以国名为姓。上古帝尧姓伊祁，名放勋，尧是他的谥号。他13岁的时候就封在陶，15岁时改封唐侯，做了帝王后，又立国号为唐，所以史称唐尧。后为周成王所灭，把唐国之地改封给其弟唐叔虞，原来帝尧的后裔，则被迁往杜国，并且被降了一级，从侯国变成了伯国。这时候，帝尧的后代也按照当时的习惯，开始以唐为姓，以唐尧为始祖。因此，天下的唐姓，应该有两个主要来源，一支是圣君帝尧的后代，另一支则来自周文王的姬姓。

【历史名人】

唐慎微：宋代著名医药学家，编有《经史证类备本草》。唐寅：明朝文学家、书画家，字伯虎，与祝允明、徐祯卿、文征明并称“吴中四才子”，与沈周、仇英、文征明合称“明四家”。唐顺之：明代文学家。唐才常：清朝维新人物，力倡变法图强。

费廉岑薛　雷贺倪汤

费 源出嬴姓，以国为姓。舜帝时，伯益因辅佐大禹治水有功，受封于费，赐姓嬴。伯益的二子若木实的后代，以国为姓，这就是费氏。另一支发源于春秋时的鲁国，由鲁桓公的儿子季友所传，鲁桓公子季友为大夫，有功封费，因氏焉。

【历史名人】

费仲：商纣王时的大臣。费直：汉代大学者，他所治的古文《易经》曾经被后世的学者推崇备至。费祎：三国人，深受诸葛亮的器重。费信：明代航海家。费茂公：清朝官吏，官至盛京工部侍郎。

廉 源出嬴姓，以祖辈姓氏为姓。伯益的大儿子叫大廉，他的后代以大廉为氏，称廉氏。

【历史名人】

廉颇：战国时代赵国的神武大将。廉布：宋代武学博士，著名画家。廉希宪：元代宰相。

岑 出自姬姓，以国名为姓。周武王封叔父耀的儿子渠在岑，叫岑子，其子孙就以封地为姓。

【历史名人】

岑彭：东汉光武帝开国名将，封舞阴侯。岑参：唐朝边塞诗人，官拜刺史，工于诗歌，长于七言歌行。岑文本：唐贞观年间中书令。岑毓英：清末抗法名将。

岑参

薛 出自任姓，以国名为姓。上古黄帝的后代奚仲封在薛地，为大诸侯。后代子孙以国名为姓。

【历史名人】

薛道衡：隋代名臣、著名诗人，其诗词藻华艳，多数边塞诗比较雄壮，《昔昔盐》中的"空梁落燕泥"句，为后人传诵。薛仁贵：唐朝名将，太宗时，应募从军，屡立战功，后又率军大败九姓突厥于天山，军中有"将军三箭定天山"的赞歌。薛稷：唐朝大臣、书法家，善画人物、鸟兽，画鹤尤为生动，时称一绝，他的书法与欧阳询、虞世南、褚遂良并称"唐初四大家"。薛涛：唐朝女诗人，创制深红小笺写诗，人称"薛涛笺"。薛稷：唐代书画家。薛绍彭：宋书法家。薛居正：宋代史学家，五代后唐进士，曾监修国史，开宝六年又监修《旧五代史》。薛丙：清嘉庆时象棋名手，所编著的《心武残编》，是流传较早的一部民间棋谱。

雷 源出黄帝后代，以祖辈姓氏为姓。黄帝的后代中有个人叫雷公，雷公的后代就以祖先名字为氏，就是雷氏，尊雷公为祖先。

【历史名人】

雷义：东汉时为官，与同郡人陈重情笃，被誉为交友的典范，人称"胶漆自谓坚，不如雷与陈"。雷焕：晋代天文学家。雷敩：南朝宋时药物学家，以著《炮炙论》三卷著称。雷海青：唐代著名宫廷乐师，以精通琵琶闻名朝野。雷万春：唐朝将领。雷威：宋代制琴专家。雷发达：明末清初时建筑工匠，他曾参与过北京故宫太和殿等工程的重建。雷以諴：清代著名的"厘金制度"就是他所推行的。

贺

源出庆氏，为避讳改姓。战国齐公子庆父的后代，本为庆氏。发展到汉代时，为了避汉安帝的父亲清河王刘庆的名讳，改为贺氏。从此流传。

【历史名人】

贺知章

贺纯：东汉安帝时的侍中。贺循：晋代时官至光禄大夫，他与顾荣同为支持司马睿得江南的士族领袖，为当世儒宗。贺狄干：魏道武帝将领，因功赐爵襄武侯。贺若弼：隋朝大将。贺知章：唐代著名诗人，好饮酒，与李白、张旭等关系密切，时称“醉中八仙”。贺荣：明代著名学者。贺岳：明代著名医学家，著有《明医会要》、《医经大旨》、《药性准绳》等。贺长龄：清朝道光时历任江苏、福建、直隶等省布政使、贵州巡抚、云贵总督等职，主张查禁私种罂粟和吸食鸦片，重视经世致用之学。

倪

源出曹姓，以国名为姓。上古帝颛顼玄孙陆终，后代有叫曹挟的被周武王封为邾侯，邾侯的小儿子肥周宣王时封在仉，称小邾国。春秋时被灭，其后代为避仇，以国为姓。后来去掉偏旁成儿姓。古时，儿与倪同音，因而演变成倪。

【历史名人】

倪宽：西汉御史大夫。倪若水：唐户部侍郎、尚书左丞。倪祖常：宋大理寺正卿。倪瓒：元朝画家，善画山水，多为水墨之作，与黄公望、王蒙、吴镇并称为元末四大家，作有《清闷阁集》。倪应春：明代太仆少卿。倪本痴：清代画家和诗人。

汤

源出自子姓，以祖辈名字为姓。商朝建国君主商履，死后谥号为汤。其子孙有一支以他的谥号为姓，奉商汤为始祖。

【历史名人】

汤悦：以文章出名，曾经仕南唐为宰相，宋初被赵匡胤封为光禄卿。汤干：宋代精通占学的人。汤文琼：明代爱国学者。汤显祖：明朝戏曲家、文学家，代表作有《紫钗记》、《牡丹亭》、《南柯记》、《邯郸记》。汤和：明代初年开国功臣，被授封信国公。汤克宽：明朝抗倭名将。汤天池：铁画家，是铁画的创始人。

滕殷罗毕　郝邬安常

滕 我国古老的姓氏之一。相传黄帝有25个儿子，分别得到12个姓，其中就有滕姓。其子孙后代奉黄帝为滕姓始祖。

【历史名人】

滕胤：三国时吴国名臣。滕遂：唐朝御史。滕昌佑：唐朝画家。滕元发：宋朝政治家。滕纲：清代著名经学家。

殷 源出子姓，以国号为氏。商王盘庚迁国都于殷（今河南省安阳），王室后代即以殷为姓。

【历史名人】

殷浩：东晋都督。殷仲文：东晋文学家。殷开山：唐朝开国大将。殷立名：唐朝著名画家、书法家。殷奎：明代著名学者。殷云楼：清书法家、画家。殷兆镛：道光年间进士，著有《齐庄中正堂集》。

罗 源出熊姓，以国名为姓。原始社会初期，有以编织罗网捕捉鸟雀为生的部落，叫罗部落，这就是罗姓的最初先民。另一种说法是，罗氏源自火神祝融氏，祝融氏名黎，是颛顼帝的儿子，祝融的后裔，到了周朝的时候，被封于宜城，称为罗国。周武王九年，罗

罗成

姓的先祖中有一位名叫“匡正”的奉命征南有功，封为安南罗国公，他的儿子衮父爵于罗，便以国名为姓，后代就奉匡正为罗姓始祖。

【历史名人】

罗衍：曾经谏公孙述归汉的成都名士。罗宪：三国时曾任蜀汉太子舍人。罗企生：晋朝曾任武陵太守。罗成：唐代名将。罗隐：唐代文学家。罗邺：唐代诗人，有“素有英姿，笔端超绝”之誉，号“诗中虎”。罗贯中：元末明初杰出小说家，一生相传作过“十七史”演义，现存有《三国志通俗演义》、《隋唐志传》、《残唐五代史演义》、《三遂平妖传》等，其中代表作为《三国演义》。罗聘：清代著名画家，为“扬州八怪”之一。

毕 黄帝之后，源出姬姓。毕姓的始祖，是周文王的第十五子毕公高。毕公高，是《书经》上列名的历史人物，他的兄弟武王在君临天下之后，把他封在毕国。他的子孙后代就以国为姓。

【历史名人】

毕万：春秋时晋国大夫。毕轨：三国曹魏名士。毕众敬：南北朝时一家四代皆为州刺史。毕炕：唐代安禄山反叛时以死节殉城的广平太守。毕宏：唐朝画家，杜甫《戏韦偃为双松图歌》中有“天下几人画古松？毕宏已会韦偃少”的诗句。毕仲游：宋代吏部郎中。毕昇：北宋人，活字印刷术的发明者，该发明为世界最早的活字印刷。毕沅：清朝江南镇洋人，留心经史文学，旁及舆地金石之享。

毕昇

郝 以封地为姓，源出子姓。远古时期，伏羲氏的弟弟郝骨氏，是郝骨古部的首领，因为协助伏羲驱逐野兽使人得以定居。到了商代，帝乙封郝骨氏的后裔子期在太原郝乡，子期的后代就以部落和封地名为姓，就是郝姓或郝骨氏，流传下来。

【历史名人】

郝昭：三国时魏将。郝廷王：唐代大将。郝孝德：隋末农民起义领袖。郝允：宋代名医。郝惠：宋代画家。郝澄：宋代画家，他所作的道释、人马，笔墨清劲，善于设色。郝定：金末山东红袄军首领，设立政权，国号汉，年号顺天。郝大通：元代道家。郝摇旗：明清之际李自成农民起义军的一员猛将。郝懿行：清代著名的经学家、训诂学家、嘉庆年间进士。

邬 源出妘姓，以国名为姓。上古颛顼的后代有叫姓妘的，被封为邬国国君，其子孙后代就以国名为姓。

【历史名人】

邬彤：唐书法家。邬克诚：宋代大臣。邬景和：明驸马都尉。邬修：明代名士。邬中涵：抗倭将领。邬希文：清代著名画家。

安 以国名为姓，源出姬姓。黄帝之子昌意，昌意有个儿子叫安，住在西边，建立安息国。后来，与中原交往，取名安世国，其子孙后代就以国名为姓。

【历史名人】

安清：安息国太子，出家为僧，信奉佛教。精通梵语，念经修行，于东汉时来河南洛阳宣传佛教。安民：宋朝陕西长安人，是个有名的石工，当时著名的石碑，都出自他的刀笔。安重荣：五代后晋任成德军节度使。安淳：宋代知枢密院诗人。安佑：元代集贤殿大学士。安童：元代宰相。安绍芳：明代诗人、画家。安维峻：中日甲午战争期间，上疏痛斥李鸿章挟外洋以自重，投降卖国，中外臣民无不切齿痛恨，著有《四书讲义》、《诗文集》。

常 源于姬姓，以封地为姓。春秋时，卫国有公侯子弟封在常，子孙以封地为姓，其始祖则为卫康叔的孙子，这是一支。另外也有出于黄帝时期，黄帝的大司空名常先，常先后代即以常为氏。

常遇春

【历史名人】

常惠：汉代官至右将军，他曾随苏武出使匈奴，被拘留十余年而始终不屈。常林：三国曹魏时任大司农，封高贵乡侯。常璩：东晋史学家。常伯熊：唐朝学者。常衮：唐朝教育家。常遇春：明朝名将，曾为朱元璋建立明朝立下了汗马功劳，善射，力大无比，自称能率十万之众横行天下，军中号称“常十万”。常志美：清代山东伊斯兰教学者。他精于波斯文，长于研究宗教哲学。

乐于时傅　皮卞齐康

乐 源出子姓，以祖辈为姓。西周末年，宋戴公的儿子衎，字乐父，乐父的子孙即以乐为姓。

【历史名人】

乐毅：战国时燕国名将，昭王时拜为上将军，封昌国君。乐羊子：战国时魏名将。乐毅：燕国名将。乐广：晋代尚书令。乐史：宋地理学家。乐韶风：明兵部尚书。

于 出自姬姓，以国名为姓。周武王有子被封在邘，其子孙后代以邘为姓，由于古时邘和于同音，后演变为于。

于谦

【历史名人】

于定国：西汉丞相。于禁：三国魏将。于粤：宋代水利家。于谦：明朝名臣，明兵部尚书。于慎行：明隆庆进士，与冯琦并为文学名臣，有《读史漫录》、《谷城山馆诗文集》。于公：以善于决狱而成名，他所洗雪的“东海孝妇”一案，更是千古美谈。于成龙：清初两江总督。

时 源于子姓，以国为姓。相传商汤的子孙有封在南方博地一带的，称为时国，春秋时被灭，其子孙后代就以国为姓。更详尽的一种说法是，周武王伯夷的后代封在申国，这个申国，后来于春秋时被楚国所灭，变成了楚国的一部分，而伯夷的后裔也按照当时的习惯，“以国为氏”姓了申。后来有一位叫作申叔时的楚大夫，其子孙以王父字为姓。

【历史名人】

时苗：汉代“去官留犊”的寿春令。时谋：有“破黄巢第一功”之称，五代时被封为钜鹿郡王。时惠询：唐代以孝行见称。时洪：宋代跟随许真君学道，被皇帝封为洪施真人。时少章：宋朝人，拜吕祖谦为师，历任教授山长、史馆检阅、保宁节度掌书记等职。时大彬：明末制作陶壶的名家。

傅 源于姬姓，以国为姓。黄帝的后代有叫大由的，受封在傅邑，其子孙后代以国为姓。

【历史名人】

傅说：商代名相。傅宽：汉高祖的开国功臣，封为阳陵侯。傅毅：东汉文学家。傅玄：西晋时哲学家、文学家。傅奕：唐太史令。傅霖：宋代音韵学家。傅仁宇：明医学家。傅山：清代医学家。傅善祥：近代中国历史上第一位女状元。

傅说

皮 以祖辈字为姓，源出周朝。周朝有大夫叫樊仲皮，他的子孙就以他的名字为姓，称皮氏。

【历史名人】

皮究：东汉著名的谏议大夫。皮仲固：东汉官任上计掾，撰《秦嘉集》。皮容：三国时期受刘备和曹操同声赞扬。皮豹子：南北朝时北魏的名将。皮景和：北齐时以善于骑射见称。皮元：南北朝学者，曾著《春

秋意》15卷。皮日休：唐代大诗人，著有《皮子文薮》、《松陵唱和诗集》等书。皮锡瑞：为晚清经学大家之一，著有《师伏堂丛书》、《师伏堂笔记》、《师伏堂日记》等。

卞 源出姬姓，以封地为姓。西周时期，曹叔振铎是周武王之弟，其后代封为鲁国卞邑大夫。他的子孙就以封地为姓。

【历史名人】

卞庄：春秋鲁国卞邑大夫，有勇为，一次能杀死二虎，齐人欲伐鲁，惧庄子不敢逞。卞和：春秋时期发现何氏璧的楚人。卞粹：晋代中书令，刚直不阿，后拜右丞相，封成阳子，晋爵为公。卞敦：晋代尚书，以功封益阳侯。卞壸：东晋名臣。卞大亨：宋代学者，精医卜之书，著《松隐集》等。卞仲子：元代画家，其子卞珏，颇善画，绰有父风。卞立言：清代棋师，名交恒。有《奕萃》传世。卞敏：清代女画家，秦淮人。为画家卞赛之妹，善鼓琴，精于兰竹。

齐 源于姬姓，以祖辈名为姓。春秋时，卫诏伯长子死后称齐子。申文公害死齐子后，齐子的孙子思念先祖，就以他死后的号为姓。另一种说法是，齐姓源自周代之齐国，《姓纂》一书上指出："炎帝姜姓之后，太公望姜子牙，受封营丘为齐国，氏焉"；《通志氏族略》上也说："太公望封于齐，子孙以国为氏。"

【历史名人】

齐唐：唐代职方员外郎，天圣进士第一。齐天觉：宋代学者，经史子集，无不精通。齐召南：清朝学者。齐周华：清代旅行家，足迹遍及天下，有《五岳游草》等。

康 源出康居国，以国名为姓。汉时西域国归附后，建立康居国。康居国王经常派遣使者去河西等待朝廷诏书，后来有的人留居在河西，以国名康为姓。这是康姓的一种由来。另外一支是周武王之少弟康叔之后，康叔是周武王的同母幼弟，在武王得天下而大行封建之时，最初被封在康国，所以得名为康叔，后世以国为姓。

【历史名人】

康有为

康泰：三国时吴国人，为中国早期远行到海外的旅行家之一，撰有《吴时外国传》。康僧会：三国时高僧。康昆仑：唐代琵琶演奏家，德宗贞元时有“长安第一手”之称。康再遇：北宋大将，曾为宋太祖立下了开国战功。康与之：南宋时人，高宗时因上“中兴十策”而闻名，著有《昨梦录》。康有为：近代“百日维新”领导者。

伍余元卜　顾孟平黄

伍子胥

伍　源出子姓，以封地为姓。春秋时期，楚庄王将伍邑封给大臣参，世代以封地为姓。春秋名将伍子胥就是伍参的曾孙。

【历史名人】

伍子胥：春秋时期吴国重臣。伍祐：宋代大中祥符年间进士，曾任太常博士。伍钝：明朝鄞人，长于言辞论辩，以孝道闻名于世，乡里称之为“伍孝子”。伍廷芳：清末外交官、民国外交总长。

源出春秋时期秦穆公大臣。春秋大臣由余助秦穆公攻打西戎，得到赏识。由余的后代就以余为姓。

【历史名人】

余靖：宋代名臣，官至工部尚书，广州设有一座“八贤堂”，余靖即为“八贤”之一。余象斗：明代文学家，著名的通俗小说编著者和刊行

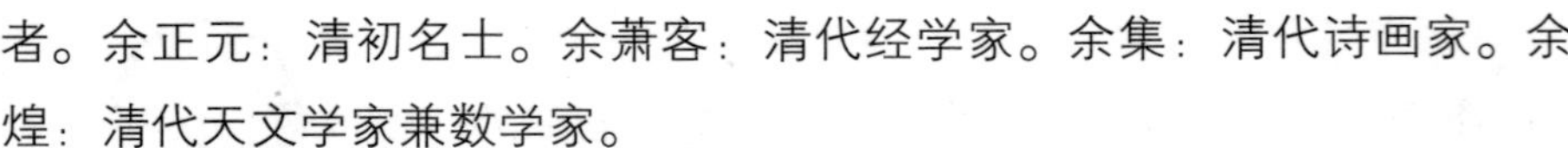

者。余正元：清初名士。余萧客：清代经学家。余集：清代诗画家。余煌：清代天文学家兼数学家。

元

战国魏武侯的公子有个叫元，封地也叫元，他的子孙就以他的名和封地为姓。为春秋时期卫大夫元晅的后代。北魏孝文帝大力推行汉制，改拓拔姓为元。

【历史名人】

元稹

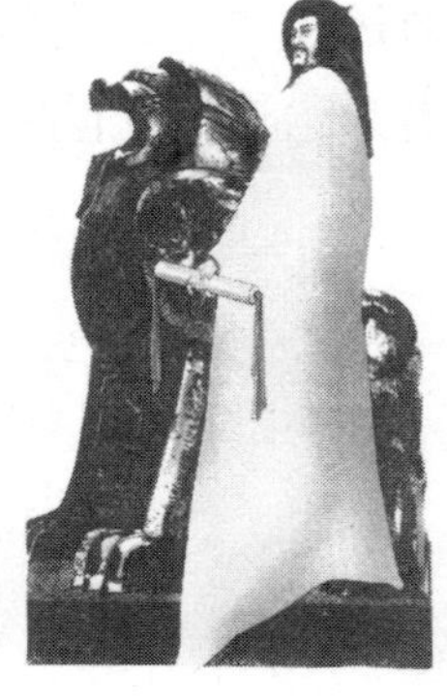

元宏

元景山：隋初将领。元澹：唐经学家。元稹：唐朝诗人，与白居易齐名，世称元白，诗称元和体，著有《元氏长庆集》、传奇《会真记》。元结：唐朝文学家，是唐代古文运动的先驱者之一。元载：唐代天下元帅行军司马。元景皓：五代义士，“宁为玉碎，不为瓦全”的典故出自于他。元德昭：五代吴越王时改姓元，后由于战功卓著，拜为丞相。元宏：北魏孝文帝拓跋宏。元延明：北魏著作家。元绛：北宋大臣、文学家，著有《玉堂集》，赠太子少师，谥号“章简”。元好问：金代文学家，诗主风骨，反对浮艳。

卜

以官名为姓。周代设有太卜、卜人等官职，掌管占卜等事。这些官员的子孙就以官名为姓。

【历史名人】

卜商：春秋晋国学者，字子夏，孔子得意门人，与子游等人合著《论语》。卜偃：春秋时晋献公掌卜大夫。卜式：西汉官吏，以牧羊致富，官拜御史大夫。卜静：三国吴官吏，因博览群书而闻名江东，与同郡陆逊、名士顾邵、张敦齐名。卜王羽：十六国时前赵匈奴后部人，少好读《易》，隐居龙门山，为郭璞所赞赏。卜名祖：南朝宋将领，以功封关中侯。卜天福：元朝大臣，曾上“中兴济治策”，皆中时病。卜天璋：元代政治家。卜惠：明代名医，精于医术，曾任太医院御医。卜世臣：明代学者、传奇小说家。卜尔昌：清代诗人，工山水，亦能诗，著有《芗门遗稿》。卜道英：清代名医，精于医术，以幼科知名。卜善瑞：清代医学家，精于医学，晚年著有《数验录》。

顾

以国名为姓。夏朝时，颛顼帝有子孙封在顾国，后顾国亡，其后代子孙就以顾为姓。

【历史名人】

顾恺之

顾宪成

顾恺之：东晋画家，多才艺，工诗赋、书法，尤精绘画。顾野王：南朝梁陈时，训诂学家、史学家。顾况：唐朝诗人，善画山水，其诗同情人民，针砭时弊，后隐居茅山，号“华阳真逸”。顾炎武：明朝大思想家、学者，著有《日知录》。顾宪成：明代人，人称东林先生，和赵南星、邹元标号为三君，东林党的创始人之一。顾璘：明代文学家、刑部尚书。顾祖禹：明末清初历史地理学家。

孟

出自姬姓。鲁桓公有子庆公，世代为卿大夫，号孟孙氏。著名思想家孟子就是孟孙氏的后代。另外，根据汉代学者史游所著《急就篇姓字注》的记载，春秋时的卫国曾出现过一支来源不同的孟氏。史游是这样说的：“卫灵公兄孟絷之后亦曰孟氏。”

【历史名人】

孟子：儒家思想代表人物，世称“亚圣”。孟胜：战国时墨家巨子。孟喜：汉代经学家。孟光：东汉时人，与丈夫“举案齐眉”。孟宗：三国时吴国人，事母至孝，有“哭竹生笋”的传说。孟浩然：唐代大诗人。孟郊：唐代诗人。孟梦恂：元经学家。孟称舜：清初戏曲作家。

孟浩然

平 以食邑为姓，源于韩姓。韩哀侯的小儿子食邑在平，他的后代就以邑为氏。

【历史名人】

平当：汉朝时宰相。平鉴：北朝政治家。平安：明将领。平瑞：清忠臣。平刚：响应孙中山，参加护法运动。

黄 居十大姓氏的第八位，源于颛顼帝之后。颛顼的曾孙陆终的子孙受封于黄，建立黄国，其后代就以国号为姓。《诸暨孝义黄氏族谱》的序文上有详细地记述："黄为嬴姓十四氏之一，出于陆终氏，后受封于黄，今光州定城西十二里，犹有黄国故城，黄既为楚所并，子孙散之四方，以国为氏。"

【历史名人】

黄歇：战国时楚相，因有功，被封为春申侯，为战国时著名的四公子之一。黄石公：秦朝末人，熟知兵法，曾于下邳圯（桥）上赠张良《太公兵法》。黄巢：汉末起义领袖。黄盖：三国时吴国将领。与周瑜用苦肉计，诱曹操受降，用火破曹。黄荃：五代画家。黄庭坚：北宋文学家。其诗与苏轼并称"苏黄"，开创了江西诗派。黄公绍：宋末元初音韵学家。黄道婆：元代纺织技术家。黄宗羲：明清之际杰出的思想家、史学家。黄慎：清代画家，善画人物，兼工花鸟、山水，为"扬州八怪"之一。

黄巢

和穆萧尹　姚邵湛汪

和 出自尧的大臣羲和。羲和曾为尧的天文官员，他的后代就以和为氏。也有人称和是楚人卞和的后代。

【历史名人】

和洽：三国时魏官吏，为官清贫廉洁有操守，封西陵乡侯。和峤：晋朝晋武帝时为黄门侍郎，迁中书令。和凝：后晋宰相，长于短歌艳曲，有“曲子相公”之称，著有《香奁集》。和岘：宋初著名词人。和承芳：明孝子。

穆 出自子姓。宋穆公的后代，以祖先的谥号为姓。楚国也有穆氏，出自姬姓，是周穆王的后代。

【历史名人】

穆宁：唐代侍御史，教子有方，四个儿子都德性和粹，出人头地。穆修：宋代古文派的支持者，著有《穆参军文集》。穆孔晖：明哲学家、理学家。穆相：明代沂水令，政绩著闻，升监察御史，抗言直谏，人称“真御史”。

萧 出自子姓，商代王室的后代。商代末年，有微子。周朝时，微子的后代被封于萧，建立萧国，成为宋国的附庸国，其子孙就以国号为氏。

【历史名人】

萧何：西汉大臣，汉代名相，制定《汉律》九

萧何

章。萧道成：为南齐高帝。萧衍：南朝梁武帝。萧统：南朝梁文学家昭明太子，辑《文选》三十卷。萧德祥：元戏剧家。萧云从：清代画家、诗人。萧朝贵：太平天国领导人之一。

尹 以封地为姓，出自远古少昊氏。少昊有儿子般，被封在尹城，他的后代就以尹为氏。另外，卿、尹都是古代官职，尹的后代就以官职为姓。

【历史名人】

尹吉甫：周朝政治家兼思想家。尹喜：老子的弟子。尹文：战国哲学家，也即尹文子，善于辩论。尹敏：汉代有谏议大夫。尹思贞：唐代学者。尹会一：清代学者，曾官至南阳巡抚、吏部侍郎督江苏学政，提倡理学。

姚 出自舜帝之族。舜帝生在姚墟，于是以出生地为舜之姓，称姚氏。

【历史名人】

姚伷：三国蜀广汉太守。姚苌：十六国中后秦建立者。姚崇：唐代玄宗时期名相。姚麟：宋名将。姚枢：元初政治家。姚绶：明诗人兼书画家。姚鼐：清桐城派领袖。

姚崇

邵 出自姬姓，以封地为姓。周成王把召地封给有功的姬奭，号称召公。召公的后代于是称为召氏，召氏的子孙改召为邵，作为姓氏。

【历史名人】

邵兴：宋抗金名将。邵宝：明学者。邵晋涵、邵懿辰：清学者。

湛 出自姒姓。夏朝时，同姓诸侯有斟灌氏，后斟灌氏失国，其子孙合并斟灌二字为湛。

【历史名人】

湛然：唐代高僧。湛温：五代闽御史大夫。湛若水：明代理学家。

汪 源出汪芒氏。大禹时期，汪芒国王不听令，大禹杀了他，其后代逃往汪芒山躲藏，其后改称汪氏。也有的说鲁成公的后代有封邑在汪，于是以封地为姓。

【历史名人】

汪义和：宋代太常博士。汪藻：宋代诗人。汪汉卿：元代学者。汪大渊：元代旅行家。汪士铎：清代曾国藩幕僚。汪琬：清代文学家。

祁毛禹狄　米贝明臧

祁 最早源于黄帝。黄帝分封12个姓给25个儿子，其中有一支在祁地，国人以祁为姓。也有出于尧帝的后代，尧姓伊祁，其后代以尧字为氏，称祁氏。

【历史名人】

祁奚：晋大夫、中军尉。祁弥明：晋代大力士。祁玮：宋代孝子。祁宰：宋末名医。祁寯藻：清代文学家。祁埙：清代政治家。

毛 出自姬姓，以国名为姓。周武王封八弟于毛，建立毛国，称为毛叔郑，世代为周天子大臣，故以国号为姓。

【历史名人】

毛公、毛苌：汉代以治《诗经》而闻名。毛阶：三国魏司空丞相。毛滂：宋诗人。毛伯温：明刑部尚书。毛晋：明代藏书家兼刻书家。毛奇龄：清代学者。

禹

出自姒姓，以祖辈名号为姓。上古大禹的后代有一支以他为姓。也有妘姓改禹姓，云、梦之间有鄅国，其后代去掉耳旁改为禹，作为姓氏。

【历史名人】

禹显：宋代抗元将领。禹祥：明代清官。禹之鼎：清代画家。禹之谟：清末同盟会会员、革命者。

狄

出自姬姓，以封地为姓。周武王封弟孝伯于狄城，孝伯的后代就以狄为氏。

【历史名人】

狄仁杰：唐名臣。狄青：宋名将。狄棐：宋朝右谏议大夫。狄冲：明独山知州。

狄青

米

出自西域的米国。米国人来到中原后，改姓米。

【历史名人】

米放：唐文学家。米芾、米友仁父子：宋书画家。米万钟：明江西按察使、画家。米汉雯：米万钟之孙，清代画家。

贝

出自姬氏。西周有召国，召康公时，有儿子食采邑于巨野的浿水，后来建立郥国，后来去掉包耳，为贝。

【历史名人】

贝义渊：南朝书法家。贝恒：明清官。贝琼：明学者。贝青乔：清爱国诗人。

明

上古就有明姓。燧人氏有四大名相，其中一个叫明由，其后代于是以明为氏。还有的出于祖辈名字。春秋名相百里奚的儿子孟明视，为秦穆公大将，其后代以他的名字为姓。

【历史名人】

明亮：北朝清官。明克让：隋代博学多识的王侯。明镐：宋代参知政事。明玉珍：元末农民起义领袖。明安图：清代史官、数学家。

臧 以祖辈名字为姓，出自姬姓。鲁孝公有个儿子叫驱，字子藏。其后即以他的名为姓。

【历史名人】

臧焘：南朝临海太守。臧懋循：明戏剧家。臧琳、臧庸：清代学者。

计伏成戴　谈宋茅庞

计 源出姒姓，以国名为姓。大禹时，有计国，其国人以国为姓。也有说周武王封少昊的后代于莒，建立莒国，莒国起初以计为都城，子孙即以地为氏。

【历史名人】

计衡：宋清官。计有功：宋诗人兼史学家。计礼：明画家。计楠、计芬父子：清画家。

伏 源出风姓，伏羲的后代。以伏羲的号为氏。

【历史名人】

伏胜：汉代学者。伏曼容：南朝时学者。

成 出自姬姓，系周王室之后。周武王封五弟叔武于成，称成叔武，后代以封地为姓。

【历史名人】

成连：春秋时期著名的琴师。成得臣：春秋时楚国贤臣。成公：西汉名士。成丹：汉朝著名将领，封为襄邑王。成公绥：西晋文学家，好音律，擅辞赋，著有《成子安集》。成玄英：唐代著名的道教学者，号“西华法师”。成闵：宋抗金名将。成无己：金国名医。成基命：明崇祯帝之臣。成蓉镜：清学者。

戴 出自子姓，以谥号为姓。周朝时，宋国国君宋戴公的后代，以祖辈的谥号为氏，称戴氏。

【历史名人】

戴德、戴圣叔侄：世称“大小戴”，汉代大学者。戴逵：东晋学者兼才士。戴嵩：唐画家。戴复古：宋诗人。戴表元：元文学家。戴进：明画家。戴震：清思想家、学者。戴宗骞：清代爱国将领。

戴震

谈 出自籍氏，以祖辈名字为姓。周大夫籍谈之后。秦朝末年，避西楚霸王项籍名讳，改称谈氏。也有说宋微子的后代，宋国最后一个国君叫谈，后代以他的名为姓。

【历史名人】

谈巴：汉征东将军。谈钥：宋史学家。谈修：明学者。谈泰：清学者。

宋 出自子姓，以国为姓，是商王室后代。周武王封商纣王的庶兄微子启于宋，微子启的子孙就以国号为氏，称宋氏。

【历史名人】

宋研：春秋时宋国思想家。宋之问：唐诗人，与沈佺期合称“沈宋”。宋庠：宋学者兼文学家。宋江：宋末农民起义军领袖。宋慈：宋法医专家。

宋慈

著有《洗冤录》。宋濂：明初文学家。宋应星：明末科学家。

茅 出自姬姓，以国名为姓。是周王室后代。周初，周武王灭商，封三弟子叔于茅，子孙后代就以国为氏。

【历史名人】

茅焦：秦代谏臣。茅知至：宋代名儒。茅汝元：宋画家。茅坤：明代文学家。茅星来：清学者。

庞 以封地为姓，源于姬姓。周王室之后，周文王有子毕公高，毕公高的后代被封于庞，其子孙即以庞为氏。

【历史名人】

庞涓：战国时魏国将军。庞德公：东汉末隐士。庞统：三国蜀军师。庞德：魏猛将。庞籍：宋丞相。庞尚鹏：明名臣。

熊纪舒屈　项祝董梁

熊 夏初后羿有贤臣熊髡，这是最早的熊姓。相传黄帝建都于有熊，后代有有熊氏。帝颛顼有孙陆终，陆终的第六子季连为芈姓，季连之子附叔封于熊，其后代又有鬻熊，是周文王之师。周武王封鬻熊的曾孙熊绎于南方的楚，传至熊绎的后代熊渠时，僭号称王，更姓为熊氏。

纪昀

【历史名人】

熊大木：宋代著名小说家。熊赐履：清代武英殿大学士兼刑部尚书。

纪 出于姜姓，以国名为姓。周诸侯的后代封于纪，建立纪国，其后代就以国号为纪。

【历史名人】

纪天赐：金医学博士、著名医学家。纪昀：清礼部尚书、协力大学士。纪磊：清研究《周易》的著名学者。

舒 黄帝的后代，出于任姓。以国名为姓，出于偃姓。颛顼的后代被封于舒，建立舒国，春秋时期，楚国消灭了舒国，舒国君的子孙就以故国之号为氏，是为舒氏。

【历史名人】

舒伯膺、舒仲膺兄弟：东汉末年义士。舒津：北宋学者。舒天民：元代学者。舒清：明代廉吏，曾任广西、四川布政使。

屈 以采邑为姓，出自芈氏，楚王族之后。楚武王有子瑕，受封于屈，因而以屈为姓。北魏时，北方少数民族屈突氏也改姓为屈氏，与复姓的屈突氏并存。

屈原

【历史名人】

屈原：中国第一个爱国诗人，战国时期楚国大夫。屈大均：明末清初文学家。屈复：清文学评论家。

项 出自姬姓，以国为姓。为周王室之后。春秋时，齐桓公灭项国，国君的后代以故国号为氏。又有以封邑为姓。楚国大将燕，被封于项城，于是以项为氏。

项羽

【历史名人】

项橐：春秋神童。项燕、项梁父子：战国楚名将。项羽：秦末项梁之侄、著名的西楚霸王。项昕：宋代医学家。项穆：明代书法家。

祝 以官名为姓。祝为古代官名，担任此职的人会世袭，往往以职位称呼，是为姓。又以封地为姓。周初武王分封时，把黄帝之后封于祝，其后代即以国号为氏。

【历史名人】

祝良：东汉九真太守。祝英台：晋上虞女子。祝允明：明文学家，“吴中四士”之一。

董 源出有熊氏，是黄帝之族。相传黄帝后代董父很喜欢龙，龙多归从之，舜于是赐姓为董，后代就以赐姓为姓。

【历史名人】

董狐：春秋晋国的直笔史官。董仲舒：汉代儒学大师。董允：三国蜀名臣。董琬：北朝外交家。董庭兰：唐代音乐家。董其昌：明代书法家。

董仲舒

梁 黄帝的后代，以封地为姓。黄帝的孙子颛顼的后代，他的后人伯益擅长畜牧狩猎，后来帮助禹治水有功，舜帝封他为侯爵，他在“嬴”这个地方居住，所以赐封“嬴”姓。大约在公元前820年周宣王的时候，伯益的后人秦仲大夫征讨西戎有功，周平王即位（公元前770年）时，赐秦仲的第二儿子康（名庆）为忠孝伯爵的官衔，封地在夏阳梁山（今陕西韩城南部），他就在梁山建立了“梁国”。其后代即以国号为姓。不过，梁姓还有另一个来源，春秋时代的晋国有个地方叫“解梁城”（今山西临猗西南）。晋惠公用五个城贿赂秦国，解梁城就是其中之一。解梁城被秦国并吞后，解梁城居民的后人就以“梁”为姓。

梁启超

【历史名人】

梁丘贺：西汉今文易学“梁丘学”的开创者。

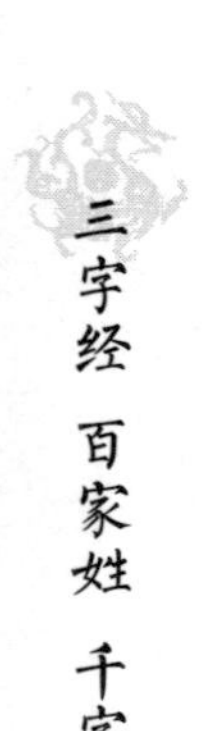

梁鸿：汉隐士。梁令瓒：唐代天文学家。梁令瓒：唐代天文仪器制造家兼画家。梁肃：唐朝文学家。梁楷：南宋画家。梁克家：宋代拜右丞相，晋封郑国公。梁红玉：抗金名将韩世忠之妻。梁寅：元末明初学者。梁辰鱼：明朝戏曲作家。梁同书：清代书法家。梁廷楠：协助林则徐禁烟的清代文学家。梁启超：清代维新派领袖。

杜阮蓝闵　席季麻强

杜 帝尧之后，以地名为姓。帝尧后代有被封于唐，唐后被周灭，王族迁到唐、杜二地，其中聚居于杜地的就以地名为姓。

【历史名人】

杜诗：东汉发明家、南阳太守。杜度：东汉书法家。杜预：晋名将、学者。杜甫：唐代大诗人。杜牧：唐代诗人。杜佑：唐朝史学家。杜琼：明代画家。

杜牧

阮 以国为姓。商朝时，泾水、渭水之间有阮国，其子孙就以国为姓。另外一说阮氏为皋陶的后代。

【历史名人】

阮籍：建安七子之一,三国魏诗人，著名文学家、思想家。阮咸：是西晋名士、音乐家，阮籍的侄子。阮逸：宋音乐家。阮元：清著名学者。

蓝 以任地为姓。楚公子亹任命为蓝县尹，被称为蓝尹，他的后代就以蓝为氏。

【历史名人】

蓝玉甫：明耿直之臣。蓝瑛：明末画家。

闵 以谥号为姓，出自姬姓。周朝谥法规定，夭折和死于非命的诸侯谥号为“闵”，后鲁闵公被杀，后代以谥号为姓。

【历史名人】

闵珪：明名臣。闵齐伋：清刻书家。

席 古老的姓氏，帝尧时就有。出自籍姓，为晋公室的后代。晋大夫籍谈的子孙，在秦末为避项羽（字籍）的讳，改称席氏或改姓谈氏。

【历史名人】

席发友：北魏光禄大夫。席豫：唐代礼部尚书。席佩兰：清代著名女诗人，是诗人袁枚的女弟子，善于画兰。

季 出自姬姓，以祖辈名为姓，是周王室的后代。春秋时鲁桓公的儿子季友，其后代就以祖字为姓。

【历史名人】

季札：春秋时吴国大臣。季梁：吴国随国大夫。季布：秦末楚地游侠。季本：明经学家。

麻 以食邑为姓。春秋时，楚国北部有重镇麻邑，楚王将其作为王侯中无父子弟的公有食邑，其后代就以食邑为姓。

【历史名人】

麻叔谋：隋朝时主持开挖汴河的大臣。麻九畴：金学者、医学家。麻贵：明朝抗倭名将。

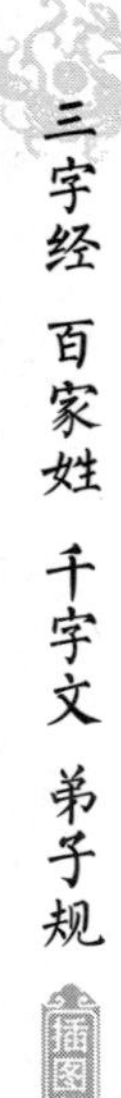

强 以祖辈名字为姓。春秋时期，郑国大将强锄有功，使郑国免于内乱，其子孙就以他的名字为姓。

【历史名人】

强蒙：唐大历时论语专家。强至：宋代诗人，官祠部郎，其五子强献明、强浚明、强渊明、强伟明和强陟明相继登第，并且都做到显官。强伸：金代大将。强存广：明代画家。强行建：清代学者、诗人。

贾路娄危　江童颜郭

贾 出自姬姓，以国为姓。唐叔虞的小儿子被封贾，后来晋国灭贾国，贾国贵族的后代就以故国号贾为氏。

【历史名人】

贾谊：西汉政论家、文学家。贾逵：东汉经学家。贾思勰：北魏农学家。贾岛：唐代诗人。贾宪：宋数学家。贾鲁：元水利家。贾仲明：明戏曲家。

贾岛

路 出自高辛氏，以爵号为姓。帝喾的后代高辛氏有功而被封为路中侯，其子孙就以路为氏。另外《姓纂》的有关路姓记载是这样的：“炎帝之后，黄帝封其支子于潞，春秋时潞子婴儿是也，今上党潞县，子孙以路为氏，望出阳平、襄城、陈留、东阳、河南。”

【历史名人】

路温舒：汉代大夫。路敬惇：唐代学者。路嗣恭：唐代兵部尚书。路振：宋代学者。

娄 出自妘姓，以祖辈封号为姓。杞国王公的后代有东楼公，其后人改楼为娄，作为姓氏。也有一支后代封在娄邑，因此以娄为姓。

【历史名人】

娄敬：汉谋臣。娄师德：唐监察御史、将领。娄机：南宋政治家。娄坚：明诗人。

危 出自三苗部落，以地名为姓。三苗部落和尧帝长子丹朱联合打舜，被舜击破，三苗部落逃往三危山，其子孙有以地名为姓。

【历史名人】

危金讽：唐末江西留后。危全讽、危存昌兄弟：梁和吴越的重臣。危稹：宋学者、文学家。危亦林：元代名医。危素：明初文史学家，“二十四史”之中的宋、辽、金、元四史都有他的手泽。

江 出自嬴姓，以封地为姓。大禹大臣伯益的后代，封于江、汉之间，其后代就以国号为氏。又据《姓纂》记载：“嬴姓，颛顼玄孙伯益之后，爵封于江，后为楚所灭，以国为氏。”江姓的人是颛顼帝的玄孙伯益的后代，由于其始祖被封于江陵，所以当江国于春秋时代被楚国所灭之后，子孙就“以国为氏”而姓了江。

【历史名人】

江淹：南朝文学家，“江郎才尽”的主人公。江休复：北宋诗人。江参：南宋画家。江永：清经学家，康熙年间精研心经及三礼之学，又长于步算钟律声韵，著有《古韵标准》等书。

童 出自胥氏，以祖辈字为氏。春秋时，晋国大夫胥童，其子孙以童为姓。另一种说法是《姓纂》一书中所提到的：“颛项生老童，子孙以王父字为氏，望出渤海。”

【历史名人】

童仲玉：东汉善名传遍遐迩的大好人，他的两个儿子童恢和童翊，名登《后汉书》的“循吏传”。童翰卿：唐代著名才子。童宗说：唐代名

师，世称“南城先生”。童伯羽：宋代学者。童承叙：明代学者。童轩：明代吏部尚书。童钰：清代诗人、画家。

颜

出自姬姓，以祖辈名字为姓。姜尚长子伯禽，受封于鲁，建立鲁国。伯禽的小儿子叫颜，其后代就以祖字为姓。

【历史名人】

颜渊：春秋时孔子的得意门生。颜安乐：汉代著名经学家。颜延人：南朝大诗人。颜之推：北朝文学家。颜师古：唐代史学家、训诂学家。颜真卿：唐代名臣、书法家。颜师鲁：宋政治家。颜辉：元初画家。

颜真卿

郭

以居住地为姓，据《风俗通义》载，人们居住地有郭地，居民以住地为姓。另外出自姬姓，以国名为姓。周武王封叔叔季仲于东虢，虢叔为西虢，东虢、西虢合称二虢。后来，西虢改称为郭，作为国号，而王室中有人就以郭为氏。

【历史名人】

郭隗：燕昭王“筑台而师之”。郭象：晋哲学家。郭璞：晋文学家。郭子仪：唐汾阳郡王、名将。郭熙：宋画家。郭沔：古琴演奏家。郭守敬：元天文学家。郭怀一：明末反抗荷兰入侵中国台湾的民族英雄。

郭子仪

梅盛林刁　钟徐丘骆

梅尧臣

梅 出自子氏，以封地为姓。商王太丁封弟于梅，称为梅伯。梅伯，是商朝的诸侯，也就是上古圣君商汤的子姓子孙，他在被纣王将身“殖醢”而惨死之后，等到周武王灭纣兴周，就把他的孙子封为忠侯，其子孙开始“以王父字为氏”而姓了梅。

【历史名人】

梅钥：汉初名将。梅福：西汉末高士。梅尧臣：宋代诗人。梅成和：宋代人，助岳飞抗金有功。梅殷：明代靖难之变时尽忠维护惠文帝的大臣。梅清：清初画家。梅文鼎：文学家兼数学家。梅曾亮：清散文家。

盛 出自姬姓，以国名为姓。周穆王时，封大臣召公奭的孙子在盛，建立盛国，本是奭氏。东汉时，为避元帝刘奭的讳，改为盛姓，实际上是恢复了他们祖先的国号。

【历史名人】

盛允：东汉司徒。盛懋：元画家。盛时泰：明书画家。盛年：清初围棋国手及书画家。

林 出自子姓，以地名为姓。比干被殷商的暴君纣王剖心后，其子坚避世乱而隐居在长林山，后代子孙就以地名为氏，称林氏。

【历史名人】

林放：孔子的弟子。林类：春秋时著名隐士。林椿：宋画家。林良：明画家。林则徐：清末政治家，虎门销烟的民族英雄。林旭：维新派领袖。林黑儿：义和团首领。林纾：近代文学家。

林则徐

刁 出自姬姓，以国名为姓。周武王分封时所成立的同姓之国，本为雕国，后来改称刁氏，子孙后代延续下来。

【历史名人】

刁竖：齐国大夫。刁光胤：五代花鸟画家。刁衎：宋学者。

钟 出自芈氏，以封地为姓。楚王公后族楚钟建受封于钟吾，称为钟氏。楚钟仪的祖先在楚国为官，受封于钟，后代以封地为姓。

【历史名人】

钟离春：齐宣王后。钟繇：三国魏大臣兼书法家。钟嵘：南朝文学批判家。钟绍京：唐代书法家。钟隐：五代画家。钟嗣成：元戏曲家。

徐 出自嬴姓，以国号为姓。大禹臣伯益有子叫若木，若木的儿子调，被封在徐，在夏、商、周三代都是诸侯国，其子孙就以国号为姓。

【历史名人】

徐干：三国初文学家，建安七子之一。徐盛：吴名将。徐陵：南朝文学家。徐达：明初名将。徐光启：明朝科学家。徐霞客：明地理学家兼大旅行家。徐松：清学者。

徐霞客

丘 出自姜姓，以封地为姓。第一支是周朝初年姜太公吕尚的后裔，由于他们的始祖受封于营丘（今山东省昌乐县东南），而以地为姓，后来到陕西省扶风县一带繁衍，并成为当地的望族。第二支则是南北朝五胡乱华时，外族的丘敦氏改姓为“丘”。

【历史名人】

丘迟：南朝文学家。丘和：唐代交州大都督。丘行恭：唐贞观年间讨伐高昌有功，被封为天水郡公。丘文怖：后蜀著名画家。丘奂：宋代抗金将领。丘富国：宋儒学家。丘处机：元代全真派道士。丘浚：明朝政治家。丘福：明代太子太师。

骆 出自嬴氏，以国号为姓。伯益的后代有大骆，大骆有长子成，世代居住于太丘，国号为大骆；西周厉王时，西戎入侵，灭骆国，骆国国君子孙就以国为姓。另外也有人认为骆姓出自姜姓，《姓纂》中说："姜姓，齐太公之后有公子骆，以王父字为氏，望出内黄，会稽。"

【历史名人】

骆俊：东汉陈留国相。骆统：三国时吴大臣。骆元光：唐朝华州节度使。骆宾王：唐代著名文学家。骆文盛：明代名士。骆钟麟：清朝良吏的典范。骆翔：清代画家。骆家贤：清著名经学家。

骆宾王

高夏蔡田　樊胡凌霍

高 出自姜姓，以祖辈名为姓。周初有东方大国齐国，齐文公有儿子叫子高，子高的后代以祖辈的名字为姓，称高氏。

【历史名人】

高柴：孔子弟子。高渐离：战国末义士。高堂生：汉初今文经学传播者，著有《孝经解》，并注《战国策》、《吕氏春秋》、《淮南子》等。高适：唐边塞诗人。高启：元末明初著名的"北郭十友"之一，曾经参加

《元史》的编纂工作。高濂：明戏曲家。高武：明嘉靖年间医学家，传针灸之术。高其佩：清代著名画家。高鄂：清代文学家，《红楼梦》的后四十回为其所著。

夏

出自姒姓，以国号为姓。夏朝灭后，夏桀子孙就以国名为姓。

【历史名人】

夏征舒：先秦陈国公子。夏无且：秦御医。夏圭：南宋著名画家，南宋四家之一。夏言：明忠直之臣。夏完淳：明末抗清将领。

蔡

出自姬姓，以封地为姓。周武王封弟叔度于蔡，叔度有个儿子叫胡，在叔度死后续任国君，于是胡又称蔡仲，其后代于是以国号为氏。

【历史名人】

蔡墨：春秋时期晋国史官。蔡泽：秦国宰相。蔡义：汉朝丞相。蔡伦：中国造纸术的发明者，东汉人。蔡邕、蔡琰（即蔡文姬）父女：东汉末年文学家。蔡襄：宋代书法家。蔡元培：近代教育家。

蔡邕

田

以封地为姓，出于妫姓。周初，胡公妫满有后代叫陈完，名敬仲，为避难逃到齐国，在齐国为大臣，被封在田，人称田敬仲。陈完不愿再用以前的陈氏，且田、陈二声的相近，于是改称田氏，子孙延续。

【历史名人】

田因齐：即齐威王。田文：齐国贵族，著名的“战国四君子”之一的孟尝君。田单：齐国名将。田横：秦末义士。田何：西汉经学家。田汉：现代著名诗人、剧作家，国歌《义勇军进行曲》的词作者。

田文（孟尝君）

樊

出自仲氏，以封号为姓。虞仲有孙名仲山甫，被封为樊侯，于是以樊为氏。

【历史名人】

樊于期：战国末年秦名将。樊郐：汉初名将，鸿门宴上勇救其主刘邦。樊阿：三国名医。樊逊：北朝北齐哲学家。

胡

出自妫姓，以谥号为姓。舜的后代有妫满，死后谥号陈胡公，世称胡公满。其后代，有一支以其谥号为氏。

【历史名人】

胡雪岩

胡衍：春秋时期以大义化解蒲邑之危的名士。胡安：西汉教育家，司马相如的老师。胡烈：汉代任襄阳太守，筑堤灌园，曾被老百姓歌颂为“譬春之阳，如冬之日”。胡广：汉丞相。胡瑗：宋学者。胡安国：于宋代王安石变法时，矢志“抢救”《春秋三传》。胡三省：宋元之际史学家。胡应麟：明文学家。胡正言：明末印刷术改革家。胡渭：清经学家、地理学家。胡雪岩：清末著名红顶商人。

凌

出自姬姓，以官职为姓。始祖是周武王的少弟卫康叔，卫康叔的后代在周朝为凌人，为王室主造冰块及部分祭祀品，其后代就以官为氏，是为凌氏。

【历史名人】

凌统：三国东吴名将，其子凌烈，因建功而被封为长亭侯。凌蒙初：明小说家，著有《二拍》。凌廷堪：清经学家。

霍

出自姬姓，以国号为姓。周文王的儿子霍叔，于其兄周武王灭纣得国之后，被封于霍国，其后代就以国号为姓，称霍氏。

【历史名人】

霍去病：西汉名将。霍光：汉代的一代名臣。霍小玉：唐代名妓。霍韬：明代礼部尚书。

虞万支柯　昝管卢莫

虞世南

虞 出自妫姓，以封地为姓。舜的后代被封于虞，其子孙后代以国号为姓。又有源于姬姓，是太伯弟虞仲雍的后代。

【历史名人】

虞卿：战国时期游说之士。虞初：汉文学家。虞翻：三国吴经学家。虞世南：唐初书法家。虞允文：宋抗金名臣。虞集：元学者。

万 出于西周时期晋国毕万的后代。也有的说，万氏为芮国百万的后代，以祖辈名字为姓。

【历史名人】

万修：东汉初名将。万表：明代儒将。万斯大、万斯同兄弟：清史学家。

支 外族改姓。汉宣帝时，南匈奴郅支单于与汉和亲，派遣王子到长安为侍卫，这支王子之族留居长安，于是称为支氏。

【历史名人】

支谦：三国吴佛经翻译家。支可大：明代忠直之臣。

柯 出自姬姓，以祖辈名字为姓。周武王分封时，东南有吴国，其国君有称柯卢的，其子孙就以柯为氏。另外，姜太公的后裔，以及历史上许多被中华文化所同化的外族的后代，也有以柯为姓的。

【历史名人】

柯崇：唐代学者，以卓越才华被朝廷任为太子校书。柯述：宋神宗年间以治行而见称的名臣。柯九思：元代书画家。柯琴：清代医学家。

昝

出自咎氏，以祖辈名字为姓。商朝时，有丞相名咎单。咎在古代读为高，意义上与灾咎之咎一致，所以咎单的后代把咎改为昝，作为姓氏。

【历史名人】

昝殷：唐代蜀人，撰《产宝》一书，是现存最早的妇产科专著，昝殷也成为一位有相当影响的医学家。昝商：唐朝博士。

管

出自姬姓，以国名为姓。周文王第三子封为管国君，称为管叔鲜，其后代就以管为姓。

【历史名人】

管仲：春秋时，齐国大政治家。管宁：汉末名士。管辂：三国魏术士。管道升：元书画家，书画家赵孟頫之妻。管同：清桐城派散文家。

管仲

卢

出自姜姓，以食邑为姓。为周王室之后。齐文公有子名子高，子高的孙子是齐溪，食邑在卢，其后代就以卢为姓。

【历史名人】

卢绾：西汉初诸侯王。卢植：东汉末文武全才。卢照邻：初唐诗人。卢纶、卢仝：中唐诗人。卢眉娘：绢绣高手。卢镗：明抗倭名将。卢文韶：清校勘家。

卢植

莫

出自高阳氏。以封地名改姓。高阳氏的后代被封颛顼帝所造的鄚城，后来，其子孙

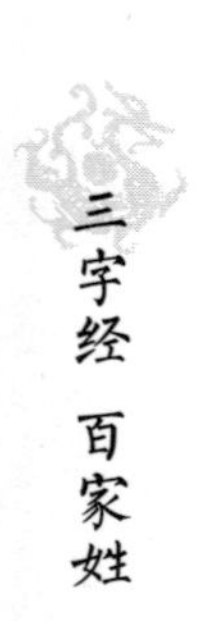

改鄚为莫，作为姓氏。不过，也有人认为莫氏是春秋时代楚国莫敖的后代，当时楚国有一种叫作莫敖的官职，“以官为氏”而得姓。

【历史名人】

莫藏用：汉代富豪。莫休符：唐代融州刺史。莫君陈：宋代嘉祐进士、深受王安石器重，苏东坡曾以《西河跳珠轩》一诗相赠，莫君陈之子莫礌在出任永嘉知县时，是一位士民为立生祠的好官。莫友芝：清代学者。

经房裘缪 干解应宗

经 出自京氏，为郑武公后代。春秋时郑武公的儿子段，受封于京，段的子孙就以京为姓。西汉时，有李姓改姓京氏的，如学者京房。后来，京房的子孙为避仇，又改京为经。以此延续。春秋时，魏国有一支后代被封为经侯，其子孙以封地为姓。

【历史名人】

经济：明初名士。经文岱：清代武将。经元善：清代兼吏。

房 以封地为姓，源出祁姓。舜帝之时，封尧帝之子丹朱于丹渊，又封丹朱的儿子于房邑，称房邑侯，其子孙后代就以封地为姓。

房玄龄

【历史名人】

房玄龄：唐初政治家。房融：唐翻译家。房琯：唐宰相。房大年：元画家。房胜：明朝开国大将。

裘

以采邑为姓。卫国大夫在裘有封邑，其子孙后代就以裘为氏。周朝时，也设有裘氏的官职。

【历史名人】

裘万顷：宋代进士、孝子。裘琏：清代文学家、戏曲作家。

缪

出自嬴氏，以谥号为姓。秦穆公是谥号，由于古时穆与缪同音，因此其后代以祖先之谥号为姓，称缪氏。

【历史名人】

缪袭：三国魏文学家。缪主人：宋儒士。缪嘉惠：清女画家。

干

出自子姓，为宋国大夫干犨的后代。晋国也有干氏，此外，段干氏的儿子中，也有以父字为氏的，也称干氏。

【历史名人】

干将：春秋时吴国铸剑名家。干宝：东晋史学家、文学家。

解

源于姬姓，以食邑为姓。周成王封弟弟叔虞为唐侯，后改称晋，叔虞把解邑封给八子良，为食邑，姬良的子孙就以解为姓。

【历史名人】

解琬：唐文武全才。解观：元学者。解一贯：明朝忠直之士。解缙：明代学者。

解缙

应

出自姬姓，以国名为姓。周武王第四个儿子被封于应，建立应国，其后代就以国号为氏，称应氏。

【历史名人】

应劭：东汉学者。应孟明：宋忠直之臣。应云鹭：明代进士。

周大夫宗伯的后代，以祖先官职为氏。

【历史名人】

宗慈：汉代名士。宗绀：汉代天文学家。宗世林：汉末名士。宗炳：南朝名画家、学者。宗泽：宋代抗金派领袖。

丁宣贲邓　郁单杭洪

丁 出自姜姓，以祖辈谥号为姓。为姜太公的后代。发源于现在的山东省境内，其家族渊源，甚至可以追溯到上古的炎帝神农氏，齐国太公有子丁公，丁公的后代以祖谥为氏，称丁氏。

【历史名人】

丁奉：三国吴将领。丁度：宋代音韵训诂学家。丁丙：晚清藏书家。丁汝昌：清末海军将领。

宣 出自姬姓，为鲁大夫宣伯之后，以谥号为姓。也有出自周宣王的子孙，或者为商王室的后代。

【历史名人】

宣秉：东汉初年关中人，廉洁奉公，深受光武帝的信赖。宣京：宋画家。宣嗣宗：明代中书舍人。

贲 出自苗氏，以祖辈名字为姓，晋国大夫苗贲皇的后代。

【历史名人】

贲赫：汉初年中大夫。贲休：东汉初年董宪部将。

邓 出于商王室的后代，以封地为姓。商代中期，商王武丁在位时，封叔父曼季于邓（今河北省），建立邓国，曼季的子孙就以国号为氏。

【历史名人】

邓通：汉文帝的幸臣。邓禹：东汉开国大将。邓绥：东汉和帝皇后。邓艾：三国魏名将。邓石如：清代篆刻、书法家。邓廷桢：鸦片战争时力主禁烟的福建总兵。邓世昌：清末抗击日本侵略军。

邓世昌

郁 以祖辈名字为姓，出自鲁国丞相郁黄的后代。郁黄的子孙，以祖字为姓，奉郁黄为始祖。称郁姓。古代有鬱氏，后改为郁姓。

【历史名人】

郁贡：春秋时鲁国大臣。郁继善：宋代名医。郁新：明代户部尚书。

单 出自姬姓，以国名为姓。周成王时，封少子臻于单，建立单国，为京畿内诸侯，称为单伯，世代为周天子的宰相，故子孙后代以国号为姓。也有他姓改为单姓的。

【历史名人】

单超：东汉车骑将军。单雄信：隋末名将。单鹗：水利家。单安仁：明代兵部尚书。单俊良：脚踏式水车的发明者。

杭 以祖辈名为姓。西汉人杭徐是有名的治吏能手，被封为东乡侯。其子孙以他的名为姓。是为杭氏。

【历史名人】

杭度：晋代高僧。杭济、杭淮：明代兄弟诗人。杭世骏：清史学家。

洪 共工氏的后代，共工氏为远古著名的治水部落。其后代改共为洪，作为姓氏。也有因避

洪秀全

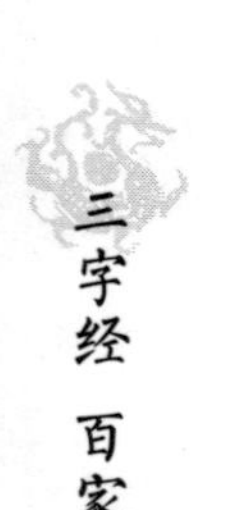

讳改姓为洪，卫大夫弘演的后代，到唐高宗时，为避高宗王子李弘之讳，改为洪氏。

【历史名人】

洪遵：宋代钱币学家。洪皓：宋代名义士，被后人比喻为“汉之苏武”。洪迈：宋代文学家。洪昇：清代戏曲作家。洪秀全：太平天国领袖。

包诸左石　崔吉钮龚

包拯

包 以祖辈名号为姓，源出春秋时期楚国大夫申包胥。申包胥为楚国爱国大臣，吴国军队将要灭楚，包胥到秦都城请求秦出兵解围，大哭七天七夜，秦王深受感动而出兵，终于拯救了楚国。包胥的后代就以祖字为氏。

【历史名人】

包咸：汉代时主管少数民族事务及外交等的官员。包拯：宋代清官。包容：明代画家、书法家。

诸 出自姒姓，以祖辈名号为姓。汉朝初年，东南有越王后裔建立的闽越国，国王为无诸，无诸的后代就以祖字为氏。另外一支以食邑诸地为姓。

【历史名人】

诸於：汉代洛阳令。诸祜：南唐农民起义领袖。诸娥：明代的孝女。

左

出自熊氏，以官名为姓。楚王鬻熊的后代倚相，为楚左史，受楚威王信赖，其后代就以官位为氏。

【历史名人】

左丘明：春秋著名史学家。左伯：东汉书法家、造纸术改革家。左思：西晋文学家。左宗棠：清末洋务运动支持者和实行者。

左宗棠

石

以祖辈名字为姓。春秋时，卫康叔的六世孙叫公孙蜡，字石，人称石蜡，大义灭亲，感动周人，后代就以他的字为姓。另外组成石姓的成员除汉族之外还有西夷人、羯族人，更有张、冉、娄等氏的改姓。

【历史名人】

石申：战国中期天文学家。石勒：南北朝时期后赵的皇帝。石敬瑭：五代时后晋的开国皇帝。石守信：宋代开国大将。石达开：清太平天国领袖、翼王。

石守信

崔

出自姜姓，以住地为姓。是姜太公的后代。齐有丁公，丁公之子居于崔，于是以崔为姓。

【历史名人】

崔杼：战国史学家。崔宴：汉太尉。崔颢、崔护：唐诗人。

吉

以祖辈字为姓，源于兮氏。西周大夫尹吉甫，姓兮名甲，在周朝为尹，文武全才，立下赫赫战功。后代以他的字为姓。

【历史名人】

吉恪：汉朝汉中太守。吉中孚：唐代文学家，“大历十才子”之一。吉鸿昌：现代著名爱国将领。

钮 主要由章姓所改。南北朝时，南陈皇后由章姓收养，后来封后找不到祖宗姓氏，改章姓为钮姓，当时大多章姓人由此改为钮姓，后代沿袭。

【历史名人】

钮循：晋朝时吴兴人。钮因、钮士雄父子：北周有名的孝子。钮贞：清代画家。

龚 出自共工后代。黄帝时，共工氏为治水官员，后代分为两支，一支为洪，一支为龙，其先共氏避难，在共工氏的名字上加上一个龙字，就是龚氏。

龚自珍

【历史名人】

龚夫：晋国大将。龚遂：西汉名臣，是封建社会中循吏的代表人物。龚舍：汉代一位精通鲁诗的学者。龚胜：汉代著名高逸之士，以好学明经与崇高名节而见称。龚开：宋朝画家。龚自珍：清思想家、文学家。

程嵇邢滑 裴陆荣翁

程 出自高阳氏，以封号为姓。颛顼帝之孙重黎为尧帝的南正，是司火官，世代受封为程伯。西周宣王时，有程伯名休父，入京都为大司马，封于程，其后代于是以程为氏，和司马氏相同。另外还有一支以程为姓的家族，

程颢、程颐

那就是荀氏后裔的改以程为姓。《左传》的注解是这样说的："晋荀氏支子食采于程，以邑为氏。"

【历史名人】

程邈：秦末狱吏，隶书的创始者。程不识：西汉太中大夫。程普：三国吴名将。程知节：唐初名将。程颢、程颐兄弟：宋代理学家。程伟元：清代文学家。

嵇

夏代王室的后代，以封地为姓。夏王少康封子于会稽，于是以稽为氏，称稽氏。汉朝初年，稽氏迁于谯，改称嵇氏。

【历史名人】

嵇康：三国魏文学家、音乐家，"竹林七贤"之一。嵇绍：西晋忠臣，嵇康之子。

嵇康

邢

出自姬姓，以封地为姓。周公姬旦的第四个儿子，被封于邢，建立邢国，后代于是以国号为姓。

【历史名人】

邢昺：宋经学家。邢址：宋名僧。邢侗：明末书法家。邢澍：清史学家。

滑

出自姬姓，以国为姓。春秋时有滑国，秦穆公消灭了滑国，滑国公族的子孙四散，以故国滑为姓氏。

【历史名人】

滑典：汉朝詹事。滑寿：明初以擅长针灸学而闻名的医学家。

裴度

裴

出自嬴政，以封地为姓。为秦国王室之族。大禹大臣伯益，后代有商末蜚廉，蜚廉的后代被封于韭邑，后来又改为裴陵，子孙后代以裴为氏。

【历史名人】

裴秀：晋地图学家。裴松之、裴子野：南朝史学家。裴度：唐代著名政治家、文学家。裴删：唐末文学家。

陆 出自姜姓，以封地为姓。为姜太公的后代。齐宣王封少子季逵于平陆，平地为远古陆终氏之墟，季逵的后代就以陆为姓。另一支陆姓是《风俗通》中所说的："春秋时陆浑国之后。"另外也有一些学者认为上古时期祝融氏的儿子陆终的后裔，也有以陆为姓的，像《广韵》一书就指出："古天子陆终之后"。

【历史名人】

陆贾：汉大臣。陆逊：三国东吴大将。陆机、陆云兄弟：晋代文学家。陆静修：南朝时宋朝道士。陆法言：隋音韵学家。陆贽：唐大臣。陆游：宋诗人。陆九渊：宋哲学家。陆秀夫：宋末背负卫王赴海而死的义士。

荣 出自周大臣之后，以祖辈字号为姓。周文王时，有大臣荣公，荣公的后代就以他的字号为姓。

【历史名人】

荣旅：孔子弟子。荣广：汉代经学家。荣溼：宋代诗人。荣林：清代书法家。

翁 出自姬姓，以封地为姓。周昭王的庶子，封邑在翁山。于是他的子孙后代以地为姓。

【历史名人】

翁卷：宋诗人。翁方纲：清书法家、金石学家。翁同和：清朝维新派领袖，光绪皇帝之师。

荀羊於惠　甄麴家封

荀 出自姬姓，以国名为姓。周武王有个弟弟封在郇国，称为郇伯，郇伯的后代改郇为荀，称荀氏。

【历史名人】

荀子：战国思想家。荀爽：汉经学家。荀攸、荀彧：三国魏谋士、尚书令。荀寅：晋朝时世代为王室大臣。荀勖：晋代律学家、尚书令。荀勖：北朝学者。

荀子

羊 出自祁姓，为晋大夫之后，以封地为姓。春秋时，晋国大夫祁盈，其后代受封于羊舌，人称羊舌大夫，就是羊舌氏，羊舌氏的后代去舌留羊，作为姓氏。

【历史名人】

羊续：东汉大臣。羊陟：东汉尚书令。羊祜：晋名将。羊欣：南朝书法家。

於 出自有熊氏，以封地为姓。黄帝的一个孙子被封在於，其子孙后代就以封地为姓，称於氏。

【历史名人】

於单：汉代涉安侯。於清言：宋画家。於伦：明朝右通政。

惠 出自姬姓，以先王谥号为姓。西周时期，惠王的后代中有以先王谥号为姓的，这就是惠氏。

【历史名人】

惠施：战国时哲学家和藏书家。惠崇：宋代画僧。惠希孟：元学者。惠周惕、惠士奇、惠栋祖孙三代：清经学家，为吴派经学世代之家。

甄 以祖辈名字为姓，源出偃姓。先秦皋陶的儿子仲甄，在夏王朝作官，封于英，后来被楚国吞并，其子孙就以祖字为姓。

【历史名人】

甄鸾：北朝数学家。甄权、甄立言兄弟：唐名医。

麴 以官职为姓。周朝设有麴氏一官，担任此官职者以麴为氏，称麴氏。鲁公族后代中也有麴的。

【历史名人】

麴崇：晋史学家。麴信陵：唐代望江县令。

家 出自姬姓，以祖辈名字为姓。周幽王时期，有大夫家父，以讽刺诗进谏昏庸的周幽王，没有效果，但是开创了我国讽刺诗的先河。其子孙后代以他的名为姓。

【历史名人】

家勤国：北宋学者，苏轼兄弟的学友。家铉翁：南宋学者。

封 出自姜姓，以封地为姓。炎帝后代有个叫钜的人，学识渊博，深得黄帝欣赏，被黄帝拜为师，受封于封地，其子孙后代就以封地为姓。

【历史名人】

封奕：十六国前燕国功臣。封演：中唐吏部郎中、史学家。封敖：唐代翰林学士。

芮羿储靳　汲邴糜松

芮 出自姬姓，以国号为姓。周王朝司徒芮伯的后代，封在芮，其子孙后代以国号为姓。

【历史名人】

芮玄：三国时吴国大臣。芮城：清代学者。

羿 出自东方大族，以祖辈名氏为姓。夏王朝时，东方夷族诸部中有势力较为强大的有穷部落，一度攻入夏朝都城，赶走夏王，其著名首领是有穷后羿，以善射而闻名。其后代就以祖字为氏，称羿氏。

【历史名人】

羿忠：明代名臣

储 源出田姓，以祖辈字为姓。战国时，齐国贵族田和赶走齐王自立为王，当时的相国储子，一心想让田氏齐国富强起来，因此大力招揽人才，终于使齐国富强起来。他的子孙就以他的名字为姓。

【历史名人】

储光羲：唐诗人。储罐：明官员。储欣：清初散文家。储大文：清学者。储国钧：清诗人。

靳 靳出自芈姓，以采邑为姓。楚国公族大夫靳尚的后代，战国时，靳尚的后代食采于靳，后代以采邑姓氏。

【历史名人】

靳歙：汉代开国功臣，封车骑将军。靳东发：宋代画家。靳德进：

元代精于星历学的昭文馆大学士。靳辅：清代治水专家。

汲

出自姬姓，以封地为姓。周初分封时有卫国。卫宣公的太子名汲，汲的儿子有被封于汲地者，后代就以封地为姓。

【历史名人】

汲黯：汉武帝时名臣，推崇黄老学说。汲桑：西晋时农牧民起义领袖。

邴

晋国大夫有食邑在邴者，被称为邴豫，以地为氏。

【历史名人】

邴辅：十六国后赵建筑家。邴粲：唐应国公、大将军。

糜

夏王室同姓贵族的后代，以祖辈名字为姓。夏朝时，有同姓诸侯有糜氏，其后代就以祖字为姓，延续下来。

【历史名人】

糜竺：三国蜀安汉将军。糜信：三国魏国则乐平太守、学者。

糜竺

松

很早就有松姓，吴时有贞女松杨柳。也有赐姓为松。还有以祖辈名字为姓，赤松子有一支后代以祖辈的名字为姓。

【历史名人】

松资：隋代名士。松寿：清代江西巡抚。

井段富巫　乌焦巴弓

井　赐姓，源于姜姓。炎帝神农有个叫章的儿子，发明了井，炎帝神农就封章为侯，赐姓井，称井章，其后代以井为姓。也有以祖辈字为姓，源出春秋秦大臣百里奚，字井伯，其后代有以他的字为姓。

【历史名人】

井叉：东汉隐士，精通五经。井田：明代贤臣。井源：井田之子，任附马都尉，也以贤能著称。

段　出自李氏，以采邑为姓。战国思想家老子的孙子李宗在晋国作官，食邑在段干之地，其子入关后去干为段，子孙即以段为姓，也有姓干的。

【历史名人】

段干木：春秋魏国隐士。段会宗：汉西域都护。段志宏：唐代骁勇大将。段秀实：唐忠烈之臣。段成式：唐太常少卿、学者。段功：元代大理第九代总管。段玉裁：清代文字学学者。

富　出自姬姓，以祖辈字为姓。周王室同姓大夫富父的后代有富辰，世代为周王大臣，其子孙后代以祖字为氏。

【历史名人】

富嘉谟：唐代散文家。富弼：宋代名相、韩国公。富恕：元代书画家。

巫 主要以职业为姓。巫是上古时期以舞蹈来感召神灵的职业，传说巫彭是为黄帝治病的医生，是中国医术的发明者。黄帝封他为侯，其后代就以其职位为姓。

【历史名人】

巫咸、巫贤：父子均是商代宰相。巫凯：明代著名边将。巫子秀：明代智勇双全之士。

乌 出自金天氏，以职业为名。少昊氏以鸟名官，为乌鸟氏，主持山陵之事，乌鸟氏的后代就以乌为姓。

【历史名人】

乌存：春秋时莒国大夫。乌承玼、乌重胤：唐勇将父子。乌冲：元学者。乌斯道：元代文学家。

焦 源出神农氏，以封地为姓。周初，武王将神农氏的后代封在焦，其子孙后代就以国为姓。

【历史名人】

焦延寿：汉代学者。焦守节：唐右神武大将军。焦炳焦：宋镇江大守。焦蛇：明学者。焦秉贞：康熙帝时宫廷画家。

巴 出自姬姓，以国号为姓。春秋时期，巴国为楚国的附庸国，后来被灭，其后代以国号为氏，称巴氏。

【历史名人】

巴蔓子：战国时期巴国将军。巴肃：东汉忠直之士。巴慰祖：清代收藏家。

弓 以封官为姓，与张姓同宗（见张姓起源）。以祖辈名字为姓，源出姬姓。春秋鲁国大夫叔弓的后代以父之字为氏，称弓氏。

【历史名人】

弓工：晋代制弓名将。弓队：汉代主管宫殿宿卫及郊祀之事的光禄勋。弓祖：汉代光禄大夫。

牧隗山谷　车侯宓蓬

牧 以祖辈字为姓，源出黄帝大臣力牧之后。力牧的子孙，以祖字为氏，是为牧氏。

【历史名人】

牧仲、牧皮：周代大臣。牧稂：汉代越隽太守。

隗 出自夏侯氏，以国名为姓。商王封夏王桀的后代于隗，建立隗国，其子孙后代以国名为姓。其后白翟、赤狄皆是隗姓。

【历史名人】

隗嚣：东汉初年占据陇西的一方霸主。隗禧：三国魏学者。隗相：三国孝子。

山 出自列山氏，以职官为姓。周朝有山师的官职，专门掌山林之名，命令邦国进贡珍异品，山师之官的后代，以祖先担任的官职为氏，称山氏。

【历史名人】

山涛：晋吏部尚书，"竹林七贤"之一。山遐：晋以严猛闻名的车阳太守。山康：唐代名僧。山青、山亡父子：明初将军。

山涛

谷 出自夹谷氏，以封地为姓。春秋时，齐国有公子尾孙，被封在夹谷，其后代子孙就以谷为姓。

【历史名人】

谷永：西汉人，精通易学。谷利：三国吴忠直之臣。谷衮：十六国勇士。谷那律：唐代学问渊博的经学家。谷应泰：清代人，以擅长经史而著名。

车 出自子车氏，以祖辈名为姓。秦公族的后代中有子叫车仲行，其后代就以车为姓。另外，汉武帝丞相田千秋因为年老，上朝时被武帝特许乘车，人称车丞相，他的儿子就以车为姓，一直延续。

【历史名人】

车胤：西晋吏部尚书，“囊萤照读”故事的主人翁。车宁：明代治边大臣。车鼎晋：清代学者。车无咎：清代哲学家。

侯 源出史皇氏，以祖辈姓为姓。远古时期，仓帝史皇，姓侯，名冈，字颉，传说汉字的发明者，其后代就以侯为氏。

【历史名人】

侯嬴：战国谋士。侯公：楚、汉相争时名士。侯芮：汉成帝时期名臣。侯刚：王莽篡汉时期的直臣。侯霸：东汉初大司徒。侯廷赏：宋施州巡检使。侯方域：明末四公子之一。侯康：清代史学家。

宓 源自太昊氏，以祖辈字为姓。上古伏羲，古又作伏宓，羲与宓相通，其子孙后代就以其字为姓。

【历史名人】

宓不齐：春秋人，孔子弟子中的杰出者。

蓬 出自姬姓，以封地为姓。周朝时，曾封支子于蓬州，其后代就以地为氏。也有出于草名，相传晋时有个叫球的人，以蓬草编织地毯为生，声名大振，其子孙后代就以蓬为姓。

【历史名人】

蓬萌：后汉时期隐士。

全郗班仰 秋仲伊宫

全祖望

全 出自泉氏，以职位为姓。周朝时设有泉氏之官，以主管泉府（即国库），其后代改为全氏。

【历史名人】

全琮：三国吴大将。全祖望：清代文史学家。全尔珍：近代书画家。

郗 源出先秦少昊氏的后代，以封地为姓。少昊氏的后代被封于郗地，于是其子孙后代以封地为姓。

【历史名人】

郗縠：晋国大夫。郗虑：汉朝御史大夫。郗诜：晋朝权臣桓温的心腹。

班超

班固

班 出自斗氏，以祖辈名氏为姓。楚国斗谷于菟是楚国令尹子文。子文生下来不久，就被弃于野，有老虎用虎乳来喂他。楚国方言把虎称为于菟，把乳汁称为谷，所以命名为谷于菟，字子文。文，老虎身上的斑纹之意。所以子文的后代改姓斑，也有姓班的。

【历史名人】

班婕妤：西汉文学家。班固：东汉史学家。班超：东汉名将，班固之弟。班昭：班固之妹，东汉史学家。

仰 出自嬴姓，以祖辈名字为姓。战国时期，秦惠文王的儿子叫公子印，古音印与仰字同音，所以公子印的子孙就以仰为姓，称仰氏。

【历史名人】

仰仁谦：宋代良吏。仰忻：宋代名士，孝子。

秋 出自姬姓，以祖辈字为姓。先秦鲁国的大夫仲孙湫，他的后代有名胡的，在陈国作官，他将祖字湫，改为秋，作为姓氏。

【历史名人】

秋瑾：近代著名民主革命女义士。

仲 出自任氏，以祖辈字为姓。商汤的左相奚仲的后代仲虺，其子孙后代以仲虺的名字为姓。

【历史名人】

仲山父：西周大臣。仲由：孔子的弟子。仲长统：东汉末年政论家。仲仁：宋画家。

伊 出自陶唐氏，以祖辈出生地为姓。帝尧生于伊水，所以姓伊祁氏。尧的后代有的就以伊为姓。

【历史名人】

伊尹、伊挚：商代名臣。伊籍：汉末名士。伊秉绶：清代书画家。

宫 出自姬姓，以封地为姓。鲁国孟僖子的后代子韬，封邑在南宫，子孙后代以南宫为姓，也有以宫为姓。另外，虞仲有子被封在上宫，其后代也以宫为姓。

【历史名人】

宫之奇：春秋时虞国大夫。宫天挺：元代戏曲作家。

宁仇栾暴　甘钭历戎

宁 出自姬姓，以食邑为姓。春秋时，卫武公的儿子季齐，食邑在宁地，世代是卫国的大臣，其子孙后代就以食邑地为姓。宁氏的第二支，是上古颛顼帝的嬴姓后裔，这一点《姓纂》和《急就篇》都有记载："宁氏与秦同姓，秦襄公曾孙谥宁公，支庶因以为氏。"

【历史名人】

宁俞：卫武子，春秋时卫国大夫。宁戚：春秋初期卫国人，继管仲为齐相。宁越：战国时期周威公之师。宁成：西汉法官。宁完我：明清之际学士、顺治帝议政大臣。

仇 出自先秦仇吾氏，为仇吾氏改姓。仇吾氏为夏代诸侯，进入商朝后，仇吾氏之国分为九国，至商朝末年时，纣王杀九国之君，九国王侯的后代于是以仇为姓。

【历史名人】

仇远：元文学家。仇英：明画家。仇兆鳌：清学者。

栾 出自姬姓，以封地为姓。周王室后代晋靖侯有孙名宾的，被封于栾，世代为晋国大臣，宾的后代就以封地为姓。

【历史名人】

栾书：春秋时晋国大夫、中军元帅。栾布：西汉义士。栾巴：东汉豫章太守。

暴 出自姬姓，以国名为姓。殷商时，有诸侯国暴国，国王叫暴辛公，周朝建立，商朝和暴国一起灭亡。暴公的后代就以失国为姓。

【历史名人】

暴显：南北朝时北齐骠骑将军。暴昭：明代名臣，官至刑部尚书。

甘 夏代有甘国，以国名为姓，称甘氏。周惠王的弟弟叔带，被封于甘，其后代也以甘为氏。

【历史名人】

甘盘：商王武丁的老师。甘罗：秦国少年外交官，秦上卿。甘德：战国天文学家。甘忠可：西汉齐国方士。甘英：东汉外交官。甘辉：明末郑成功部将。

钭 出自姜姓，为姜子牙嫡系后裔。春秋末期，齐国权臣田禾篡齐而自立，把齐国国君康公迁于海上，康公迁到海上这一荒凉之地后，住在洞穴中，以野菜为食，在钭坡上挖洞为灶，为牢记这段艰难岁月，康公的子孙中有的就以钭为姓。

【历史名人】

钭滔：宋朝处州刺史。

厉 出自姜姓，以国名为姓。先秦时有厉国，其后以国号为氏，称厉氏。

【历史名人】

厉温：汉代魏郡太守。厉鹗：清代文学家。

戎 周朝时有姜姓戎国，以国名为姓，源出子姓。周王室封商纣王哥哥微子的后代于戎国，后被齐国灭，其后代以国为姓。

【历史名人】

戎赐：西汉大臣。戎昱：中唐诗人。

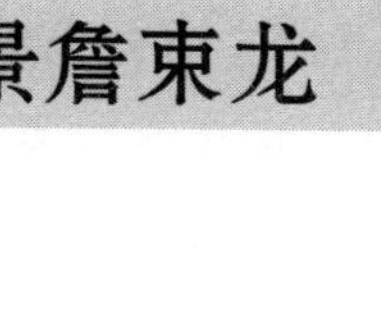

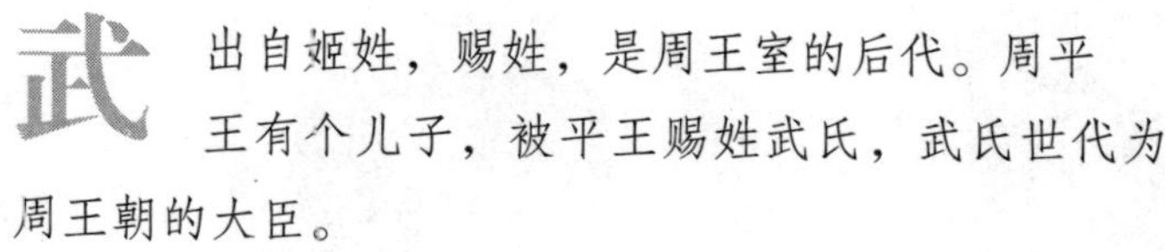

祖武符刘　景詹束龙

祖　出自子姓，以祖辈名为姓。商王有祖乙，励精图治，使国力大盛，其后代子孙就以祖辈名为姓。

【历史名人】

祖己、祖伊：商代名相。祖逖：东晋名将。祖冲之、祖暅之父子：南朝著名数学家。祖咏：唐诗人。

祖冲之

武　出自姬姓，赐姓，是周王室的后代。周平王有个儿子，被平王赐姓武氏，武氏世代为周王朝的大臣。

【历史名人】

武士彟：唐高祖李渊部将。武则天：武士彟之女，中国历史上唯一的女皇帝，曾一度废唐建周。武宗元：宋代画家。武训：清代人，以办义学而著名。

武则天

符　出自姬姓，以官名为姓。鲁顷公有孙公雅，在秦国任符玺之官，执掌符玺，其子孙就以官为姓。

【历史名人】

符融：西汉学者。符璘：唐代大将。符存审：五代末期后晋大将。符曾：清代诗人。

刘 位居十大姓氏第四。以名为姓，五帝之一的帝尧。尧姓祁，尧当上中原华夏酋邦的君主后，征服了原始的刘氏族，并将刘地封给了自己的家族成员，从此这一家族都以刘为氏。另外，在黄帝的其他子孙之中，根据《名贤氏族言行类稿》的记载，也还有一支以刘为姓的，“周大夫食采于刘亦为刘氏，康公、献公，其后也”。此外，周定王的舅舅刘康公，他的后代也以刘为氏。汉朝开国之君刘邦的刘氏是士氏的后代。

【历史名人】

刘邦：汉高祖，汉王朝的开创者。刘彻：汉武帝。刘秀：汉光武帝，东汉王朝的缔造者。刘向、刘歆：汉代经学家。刘熙：汉末训诂学家。刘洪：汉天文学家。刘劭：三国魏哲学家。刘备：蜀创建者。刘义庆：南朝文学家。刘勰：南朝梁文学理论批评家。刘大櫆：清散文家。刘鄂：清文学家。

刘秀

刘邦

景 出自芈姓，以赐号景为姓。楚国公族对为国家作出巨大贡献的大臣赐以“景”的称号，被赐号为景的人，其子孙就以景为姓。另外，齐景公死后，其子孙以他的谥号景为姓。刘邦考虑到景姓等楚国公族的势力很大，为了便于就近控制，下令将景姓迁到关中平原一带。

【历史名人】

景翠、景鲤、景阳、景舍：楚国重臣。景差：战国楚文学家。景延宾：汉朝初年历史名人。

詹天佑

詹 出自姬姓，以封地为姓。周宣王封其子在詹，其后代即以封地为姓，称詹氏，世代为周天子的大夫。

【历史名人】

詹希原：明初著名书法家。詹凤翔：明代经学家。詹天佑：近代主持修建中国第一条铁路的铁路工程专家。

束 源于疏姓中的支姓。汉朝大儒疏广曾孙疏孟达，拒绝为王莽出力，因而隐居起来，把姓由疏改为束（古时候疏同踈），其子孙后代就以束为姓。

【历史名人】

束无嘉：宋代名臣。束宗庚：元代画家。

龙 以祖辈名为姓。舜帝大臣龙，任纳谏的官，其子孙后代就以龙为姓。也有以职官为姓，称御龙氏。上古舜帝有个大臣叫董父，善于养龙，称豢龙氏，后人有以他的职官为姓。另外，依照《姓氏考略》的记载，夏朝御龙氏刘累的后裔之中，也有以龙为氏的。

【历史名人】

龙园：秦末项羽大将。龙台初：宋代诗人。龙汝言：清代内阁中书。

叶幸司韶　郜黎蓟薄

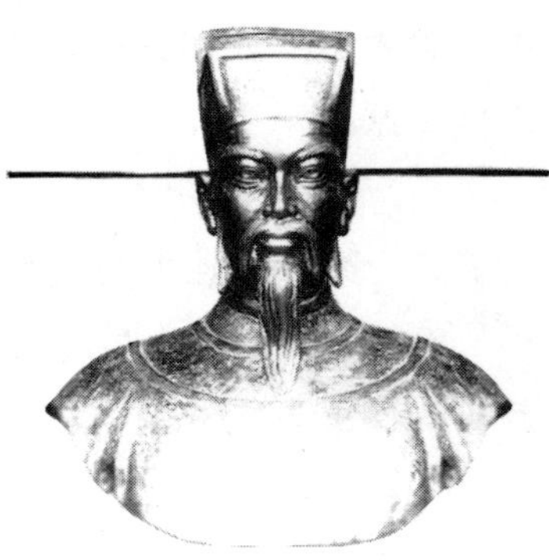
叶适

叶 以封地为姓，源出沈姓。春秋楚国左司马沈尹戌儿子被封在叶地，称叶公，其子孙后代就以封地为姓。

【历史名人】

叶适：宋思想家。叶宪祖：明戏曲家。叶大年：清画家。

幸 主要为赐姓。春秋时，平民一般没有姓，有幸得到诸侯欢心，就能得到赐姓，幸为赐姓之一。

【历史名人】

幸南谷：唐代文学家。幸斯顺：宋代大儒。

司 以官名为姓。上古炎帝神农时有司怪职位，主管卜巫，后代以职位为姓。也有复姓改单姓，如司马、司徒有些人改为单姓。

【历史名人】

司成：春秋郑大夫。司允德：元代大学士。

韶 以州名为姓。秦始皇统一中国后，将中国分为三十六州，桂林郡辖今天广东一带，郡治在广东曲江，古称劭州。这的人就以州为姓（古时候邵同韶）。以居住地为姓，古代有劭石、邵阳，居住此地的人以劭为姓。

【历史名人】

劭万：晋代中牟令。

郜 以国名为姓，源出姬姓。周武王分封十一弟在郜国，其子孙后代以郜为姓，郜在古代又写作告，因此告姓也由此而来。

【历史名人】

郜知章：元代诗人。郜琏：清代画家。

黎 以国名为姓。殷商时有诸侯国黎国，后跟商一起被周灭，其子孙后代以国名为姓。另外，也有素黎氏改为黎姓。

【历史名人】

黎景熙：南北朝时的北周车骑大将军，并以雅好读书，著述不怠而见称。黎干：唐玄宗时官拜京兆尹。黎贞：明诗人。黎间：清画家。

蓟 以封地为姓，源出黄帝之后。周武王封黄帝后裔在蓟，在今北京城西南角。后被赵国吞并，其子孙以失国为姓。

【历史名人】

蓟子训：汉代名士。

薄 以国名为姓，源出上古。上古有薄国，其子孙后代以国为姓。也有以采邑为姓，源出春秋。春秋时，薄城是宋国大夫的封邑，子孙以封邑为姓。

【历史名人】

薄太后：汉文帝之母。薄昭：汉大臣。薄绍之：南朝宋书法家。薄钰：明科学家。

印宿白怀 蒲部从鄂

印 主要以祖辈名为姓，源出姬姓。春秋时，郑穆公有儿子叫子印，其后代以其名为姓。

【历史名人】

印宗：唐代高僧。

宿 以国名为姓，源于风姓。周武王封伏羲的后代在宿国，其子孙以国名为姓。也有以母名为姓，源出春秋。战国时齐闵公的王后宿瘤女，贤惠大义，生二子，其一以她的名为姓，以此流传。

【历史名人】

宿祥：汉雁门太守。宿进：明代刑部员外。

白 以祖辈为姓，源出炎帝臣白阜。白阜为上古炎帝的大臣，专管治水，齐子孙后代以其名为姓。也有以祖辈名为姓，源出姬姓。秦穆公大将叫丙，字白乙，称白乙丙，其后代以白为姓。

【历史名人】

白起：战国时秦名将。白居易：唐代诗人。白敏中：唐代宰相。

白居易

怀 以部落名为姓，源出上古炎帝。炎帝时有部落无怀氏，民风纯朴，人人安居乐业，后代即以怀为姓。“怀姓九宗”子孙以怀为姓，周初，武王将商族遗民“怀姓九宗”赏赐给弟弟叔虞为臣民，九宗的后代就以怀为姓。

【历史名人】

怀素：唐代和尚。怀丙：宋代高僧。怀应聘：清代文学家。

蒲

源出姒氏，以国名为姓。大禹的姒氏后裔，夏时世系西戎酋长为蒲国，后代以国名为姓。以封地为姓，出于姚。舜帝有后裔封地州蒲，子孙以封地为姓。

蒲松龄

【历史名人】

蒲永升：宋画家。蒲松龄：清代文学家，《聊斋志异》的作者。

邰

以封地为姓，源出高辛氏。后稷被尧封为有邰氏国君，其子孙有一支以封地为姓。也有他姓改为邰姓。

【历史名人】

邰茂质：明代孝子。

从

源于姬姓。周平王封少子为纵侯，后代以纵为姓。后来刘邦部下有纵公，被项羽捉拿，宁死不屈。其后代为纪念他，以他的名为姓，后来去掉偏旁为从。

【历史名人】

从捻：唐高僧。从龙：明代官吏。

鄂

出自姬姓，以居住地为姓。晋公室的后代晋侯光居于鄂，称为鄂侯，其子孙就以鄂为氏。另外，楚国诸侯熊江僭号称鄂王，也称为鄂氏。

【历史名人】

鄂千秋：汉代安平侯。

索咸籍赖 卓蔺屠蒙

索 出自子姓，殷商王室的后代。殷商末年，殷人有七族，其中索氏为其一，世代居住于鲁国。

【历史名人】

索靖：晋代历史名人。

咸 出自高阳氏，以祖辈名为姓。帝高辛有大臣咸丘黑，其后代就以咸为氏。商代有名相巫咸，他的后代也以祖字为氏，也称咸氏。

【历史名人】

咸丘蒙：孟子弟子。咸冀：唐开元十八学士之一。

籍 以官职为姓，出自荀姓。晋国大夫荀林父，掌管晋国的典籍档案，其后代也世代掌管晋典籍，于是以官职为姓，称籍氏。

【历史名人】

籍少公：汉代名士。籍谈：晋大夫。

赖 以国名为姓，出自春秋。周朝时有赖国，春秋时仍存在，其后代就以国号为氏。《姓氏考略》一书上记载："《风俗通》曰，春秋时有赖国，其后以国为氏，望出颍川、南康、河南。"

【历史名人】

赖先：汉代交趾太守。赖丹：汉代校尉。赖汉英：清代太平天国将军。

卓 以封地为姓，源出春秋。楚国公族大夫滑被封在卓邑，人称卓滑，其后代以封地为姓。少数民族也有卓姓。

【历史名人】

卓王孙：西汉初蜀地巨富。卓文君：卓王孙之女，文学家司马相如的夫人。卓迪：明代书画家。

蔺 源出春秋时期，以封地为姓。晋国韩厥的孙子康，在赵国作官，被封于蔺地，于是以地为氏。

【历史名人】

蔺相如：战国时期赵国著名大臣。

屠 出自子姓，以国名改姓。商朝有鄘国，其后代改鄘为屠，以为姓氏。有以职业为姓，春秋时，晋国有屠蒯，宰割牲畜为事，其子孙以屠为姓。

【历史名人】

屠隆：明代戏曲作家。屠伸：清代小说家。屠奇：近代史学家。

蒙 出自东蒙氏，以封地为姓。东蒙氏有后代，被封于蒙双，其后代以蒙为氏。

【历史名人】

蒙武、蒙骜、蒙恬：秦国名将。蒙得思：太平天国将领、鄧王。

池乔阴郁 胥能苍双

池 出自嬴姓，以祖辈名为姓。由于其祖先居住于池边，而得姓。秦国司马公子池的后代，以祖辈池为姓。

【历史名人】

池子华：秦相。池瑗：汉代中牟令。池裕得：明代太常寺少卿。

乔 出自有熊氏，由桥改姓。黄帝死后，被葬于桥山，其子守陵，该支黄帝之族就以桥为氏，称桥氏。后来，桥姓后代改桥为乔。

【历史名人】

乔智明：西晋良吏。乔知之：初唐著名诗人。乔吉：元散曲家、戏曲作家。乔世埴：清初诗人。

阴 出自陶唐氏，以国名为姓。帝尧之时，有阴国，其后代就以国号为姓。

【历史名人】

阴丽华：东汉光武帝的皇后。阴铿：南朝文学家。

郁 出自先秦郁林氏，楚国进攻郁林，占领后，把居住于郁林的人迁到郢，其后代以郁为氏。上古有鬱姓，源于大禹老师鬱华。后来鬱和郁混在一起，干脆就全变成了郁。

【历史名人】

郁贡：鲁国大夫。

胥 源出华胥氏，以祖辈名为姓。春秋时，晋文公有贤臣胥，其后代以其名为姓。

【历史名人】

胥仁、胥童：晋国大夫、大臣。胥偃：宋代翰林学士。

能 出自熊姓，由熊改姓，与楚国王族是同族。楚国大夫熊挚，因触犯楚王，逃往异地，改姓为能，其子孙后代也以能为姓。

【历史名人】

能元皓：唐代淄青节度使。能监：明代良臣。

苍 出自史皇氏，以祖辈名为姓，为苍舒之后。颛顼帝后代苍舒，其后代去舒留苍为姓。有以地名为姓，源出周朝。周朝有苍梧之地，居民以苍为姓。

【历史名人】

苍英：汉代江夏太守。

双 出自颛顼之族，以坟地为姓。颛顼有后代，被封于双蒙城，于是以地名氏，为双氏。唐朝有少数民族也改称双姓。

【历史名人】

双泰贞：南北朝孝子。双林：清代江南提督。

闻莘党翟　谭贡劳逄

闻 出自闻人氏，以祖辈别号为姓。春秋时鲁国大夫少正卯，学问口才都好，被称为闻人。其后代就以他的别号为姓。

【历史名人】

闻见：宋代咸平年间的进士。闻渊：明代尚书。

莘 出自高辛氏，以封地为姓。夏王朝建立时，夏王启封帝挚的后代于莘，建立莘国，其后代就以国为姓。

【历史名人】

莘融：宋历史名人。莘野：明文学家。

党 夏后氏的后代，赐姓。夏后氏的后代聚居于党项，后被唐赐姓为党。

【历史名人】

党耐虎：十六国时期后秦将领。党进：宋代武士。党怀英：金代文学家、书法家。

翟 出自黄帝的后代，以国名为姓。黄帝之后一支，与西戎合建侧国，后来被晋国灭，其子孙以国为姓。

【历史名人】

翟方进：西汉丞相。翟义：东郡太守。翟让：隋末起义军领袖。翟璋：唐朝陕州刺史。翟琰：唐画家。翟敦仁：北宋金石学家。翟灏：清学者。

谭 出自嬴姓，以国为姓。周代有诸侯国谭国，后被齐灭掉，谭国统治者奔至莒国，其后代以故国号为姓，称谭氏。黄帝孙颛顼有后代聚居于谭，以谭为姓。

【历史名人】

谭夫吾：战国时期著名高士。谭贤：东汉逸民。谭纶：明军事家。谭元春：明文学家。谭鑫培：清末著名京剧艺术表演家。谭嗣同：近代维新派领袖。

谭嗣同

贡

出自端木氏，以祖辈名为姓。孔子的弟子子贡，即端木赐，其后代为了避乱，废端木之姓，而以祖字为氏，是为贡氏。

【历史名人】

贡禹：西汉御史大夫、贤臣。贡奎：元代著名作家。

劳

东海劳山地区的居民，到了汉朝才与中原相互联系，于是以劳为姓。以山为名，源出东海崂山。崂山古称劳山，在此居住的人以山名为姓。

【历史名人】

劳乃宣：近代音韵学家、拼音文字提倡者。

逄

出自姜姓，以祖辈名字为姓。相传上古神仙后羿的徒弟逄蒙，因为杀了后羿，被少康帝认为有功，被封为诸侯，其子孙后代以逄为姓。

【历史名人】

逄蒙：后羿之徒，神射手。逄安：汉末农民起义领袖。

姬申扶堵　冉宰郦雍

姬

出自有熊氏，以祖辈出生地为姓。黄帝的祖先姓公孙，因黄帝生于姬水，故以地为氏，姓姬氏。高辛氏时，以长子后稷继承黄帝的后嗣，赐为姬姓，所以后稷就是姬姓的始祖。

姬旦（周公）

【历史名人】

姬昌：周文王。姬发：周武王。姬旦：周公。姬澹：南北朝魏大将，官至信义将军，封为楼顿侯。姬敏：明代西安知府。

申 出自姜姓，以封地为姓，是太岳之后。太岳之后封于申，建立申国，其后代以国号为姓。以祖辈名为姓，源于成汤时期。商汤封仙人申徒获的后人申吕为诸侯，其后代就以申为姓。

【历史名人】

申包胥：春秋楚国贵族。申不害：战国法家代表人物。申公：西汉学者。申恬：南朝清官。申锡：明代易学家。

扶 出自巫氏，赐姓。西汉初，有占卜家巫嘉，在汉高祖刘邦手下做事，善于祈祷、祭祀，每次占卜都十分灵验有效。刘邦认为巫嘉能够祷求于天地之神，扶持汉王朝，于是赐姓扶氏。

【历史名人】

扶卿：西汉学者。扶猛：北朝文武全才。

堵 以封地为姓，源于春秋。郑国大夫堵叔名泄寇，因封地在堵，称堵叔，其后代为堵氏。此外，楚国堵敖的后代，也称堵氏。

【历史名人】

堵简：元末江浙行省检校官。堵霞：清文学家、画家，著名女才子。

冉 出自姬姓，以封地名为姓。周文王将其子季载封在冉国，称冉季载。季载的后代就以冉为姓。

【历史名人】

冉求：孔子弟子。冉进、冉璞兄弟：宋代军事谋略家。冉觐祖：清代哲学家。

冉求

宰 出自姬姓，以祖辈名为姓。周朝大夫宰孔，其后代以祖字为氏，称宰氏。周代有太宰之官，其后代以祖先的官职为氏，也称宰氏。

【历史名人】

宰予：孔子弟子，春秋时期齐国大夫。宰敛：明朝人，以孝闻名。

郦 出自姜姓，以国名为姓。夏禹时，有封国郦国，其后代以国号为姓，就是郦氏。

【历史名人】

郦食其：汉高祖刘邦的谋士。郦道元：北朝地理学家、文学家。郦滋德：清代学者。

郦道元

雍 出自姬姓，以封地为姓。周武王封十三帝伯在雍国，其子孙后代就以封地为姓。

【历史名人】

雍齿：西汉初期什邡侯。雍陶：唐代诗人。雍钧：宋朝忠直之臣。雍泰：明代户部尚书。

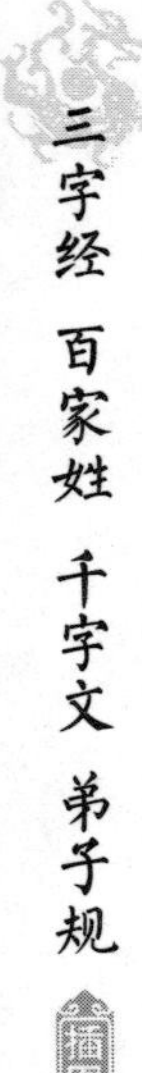

郤璩桑桂　濮牛寿通

郤 出自姬氏，以封地为姓。春秋时，晋国公族子弟叔度被晋献公封于郤邑，子孙后代以封地为姓，称郤氏。

【历史名人】

郤缺：晋国下军大夫。郤縠：晋国将军。郤忠：明清正之官。

璩 主要以服饰品或器具为姓。璩是古人佩戴的一种耳环，音同蘧。蘧原是一种植物，用以编织称席，后来从事编织蘧为生的人就以蘧为姓。有些蘧姓子孙走上仕途的道路，觉得蘧太贱，于是去掉草头，改为表示玉的璩。

【历史名人】

璩伯玉：周代名士。璩光岳：明学者。璩伯昆：明代广东道御，政绩显昭。

桑 春秋时期秦国大夫公孙枝的后代，以祖辈字为姓。公孙枝，字子桑，其子孙以祖字为氏，称桑氏。

【历史名人】

桑弘羊：汉代著名经济学家。桑安世：宋代榆次知县。桑乔：明代忠直大臣、御史。

桂 出自炅氏，改为桂姓。汉代末年，阳城炅横有四个儿子，为避难而四处逃散，其中一个儿子到了幽州，改姓桂。以此流传。

【历史名人】

桂万荣：宋代政治家、法学家。桂彦良：明初江南大儒。桂宗儒：桂彦良的儿子，明学者。桂馥：清代文字训诂学家。

濮

以采邑为姓，源出春秋。卫灵公在濮水边建濮城，濮城首任大夫以濮为姓。

【历史名人】

濮英：明初勇将。濮仲谦：清雕刻家。

牛

西周末年，王公室的后代，以祖辈名字为姓。宋国公族大夫牛父任宋司寇，后来牛父死于战场，其子孙后代就以他的名字为姓。也有赐姓牛的。

【历史名人】

牛金：晋代大将。牛弘：隋初政治家、“大雅君子”。牛僧孺：唐代名臣。牛希：唐代文学家。牛皋：宋代名将。牛富：明代抗元将领。

牛金

寿

出自姬姓，以祖辈名为姓。春秋时期的吴国，有名士寿梦，其后代以祖字为氏。

【历史名人】

寿良：西晋初学者。寿富：清代光绪年间学者。

通

源自姬姓，以住地为姓。战国时期，位于今四川东部巴国的后代，聚居在通江，于是以地名为姓，称通氏。又有辙氏，西汉中期为了避汉武帝刘彻的讳（读音相同），也改称通氏。

【历史名人】

通熟：明代高僧。通门：清代高僧。

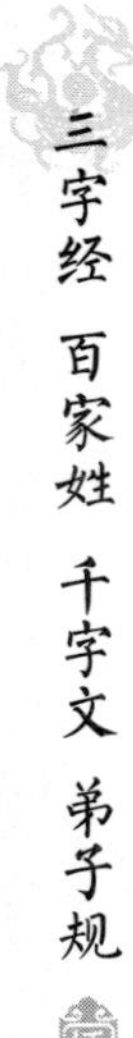

边扈燕冀　郑浦尚农

边 出自子姓，以国名为姓。商朝有诸侯边国，其后代以国名为姓。

【历史名人】

边伯：周朝大夫。边鸾：唐代画家。边知白：南宋大臣。边文进：明代前期画家。边贡：明代文学家。

扈 出自有扈氏，以国名为姓。夏朝有一个诸侯国有扈氏，后被夏启灭，其后代以国号为姓。

【历史名人】

扈蒙：北宋学者。扈周卿：北宋县令。扈再兴：抗金名将。

燕 出自姬姓，以国号为姓。周朝名臣召公，受封于燕，建立燕国，其子孙中有人就以国号为姓。

【历史名人】

燕肃：北宋官员、画家。燕文贵：北宋画家。燕善：明永乐举人。

冀 出自郤氏，以封地为姓。先秦晋国郤芮有子名缺，受封于冀地，缺的儿子中有的就以封地为姓。

【历史名人】

冀俊：北周书法家、骠骑大将军。冀禹锡：金代官员。冀绮：明代官员。冀如锡：清代工部尚书。

郑 出自姬姓，为周王室的后代，以居住地为姓。周初文王定鼎于郑鄂之地，文王的儿子中有人就以居住地名为姓，以作为纪念。

【历史名人】

郑直、郑侨父子：北宋水利家。郑抡逵：清代画家。

浦 源出姜姓，以封地为姓。春秋时，齐国的王族有一支子孙有封地在浦，后代就以浦为姓。

【历史名人】

浦源：明初诗人。浦铉：明监察御史。浦南金：明学者。浦起龙：清代学者。

尚 出自姜姓，为姜太公的后代。姜太公原名为姜尚，太公后代有以祖字为氏的，称尚氏。

【历史名人】

尚可孤：唐朝神策大将。尚让：唐末农民起义领袖。尚文：元代官员。尚野：元代文学家。尚仲贤：戏曲作家。

农 神农氏的后代，以祖辈名号为姓。神农氏有一个儿子以农业为本，以表示家族本源，并以农为姓。

【历史名人】

农益：明永乐举人，名儒。

温别庄晏　柴瞿阎充

温 出自姬姓，以国名为姓。周王朝京畿内有温国，其后代以温为姓。《广韵》指出：“唐叔虞之后，受封于河内温，因以命氏；又却至食采于温，亦号温季，因以为族，出太原。”此外，《姓纂》亦指出：“唐叔虞之后，晋族受封河内之温，因以命氏。”《万姓统谱》则更详尽地记载说：“却至食采于温，亦号温季，汉功臣温疥，封惇侯，惇音荀，疥孙何，始居太原，继移汲郡，清河。”

【历史名人】

温峤：南北朝名士。温大雅、温彦博兄弟：唐初大臣。温庭筠：唐初诗人。温纯：明代名臣。温睿临、温汝能：清代文学家。

温峤

别 主要以祖辈名号为姓。上古有个为人排忧解难的隐士称别成子，长寿，其后代以他的名号为姓。

【历史名人】

别之杰：宋兵部尚书。

庄 出自芈姓，以祖辈谥号为姓。楚庄王为春秋时期楚国国君，谥号庄王，其后代，就以祖辈谥为姓。

【历史名人】

庄周：先秦哲学家。庄忌：西汉辞赋家。庄

庄子（庄周）

季裕：南宋学者。庄起元：明代忠直之臣。庄有恭：清代书法家。

晏 出自陆终氏，以祖辈名字为姓。陆终氏有几个儿子，其中第五子为晏安，为晏姓始祖，世代为齐国大臣。

【历史名人】

晏婴：春秋名相。晏殊、晏几道父子：宋词人。晏溥：晏几道的儿子，宋抗金派。晏璧：明代官员。晏铎：明景泰年间诗人。

柴 出自姜姓，以祖辈名字为姓。齐国文公有子名高，高的后代有高柴。高柴居住在鲁国，其后代子孙以祖字为姓。

柴荣

【历史名人】

柴高：孔子弟子。柴荣：五代后周皇帝。柴元裕：南宋学者。柴潜道：元代学者。柴伸：明代官员。柴绍柄：清代学者、文学家。

瞿 出自子姓，以祖辈名字为姓。商代大夫瞿父的后代，以祖辈字号为姓。

【历史名人】

瞿佑：明代文学家。瞿景淳：明学者。瞿应绍：清代画家、篆刻家。

阎 出自姬姓，以封地为姓。太伯有曾孙仲奕，封于阎乡，于是子孙以封地为姓。

【历史名人】

阎敖：春秋时期楚国大夫。阎立本：唐画家。阎咏：金代学者。阎复：元代官员。阎尔梅：清代诗人。

充 出自姜姓，以祖辈名字为姓。齐国公族有充间，为大夫，其后代以祖字为姓。也有以官名为姓。周朝设有专管畜养祭祀用动物的官员，称为充人，有些世袭充人的后代就以官职为姓。

【历史名人】

充虞：孟子弟子。充尚：秦代方士。

慕连茹习 宦艾鱼容

慕 出自慕容氏，从复姓慕容分化为来。慕容公族有慕舆根，是从慕容改为慕，作为姓氏。

【历史名人】

慕完：元代大臣。慕天颜：清代江苏巡抚。

连 出自姜姓，齐国公族有连称，为齐大夫，连称的后代以祖字为姓。此外，十六国后魏的定连氏也改姓为连氏。也有以官名为姓，春秋时有官连敖、连尹，其后代有以官名为姓。另一种说法是陆终的第三子惠连所一脉传留下来，这派说法，《姓氏考略》一书最足以代表，该书指出："出自陆终三子惠连之后。"

【历史名人】

连称：春秋时齐国的大夫。连总：唐代文学家。连庶：宋代清官。连均：明朝江西布政使。

茹 源出北普六茹氏改姓。隋朝开国皇帝杨坚承父爵，北周皇帝赐姓普六茹氏，后来杨坚登基，他的后人中有一支保留了鲜卑的姓普六茹氏，但是后来嫌弃普六茹氏是胡姓，于是去掉普六，改姓茹了。

【历史名人】

茹淳：汉朝史学家。茹千秋：晋代骠骑咨议。茹汝升：唐代官员。茹文中：明初户部尚书、寿星。茹洪：明代书画家。

习 以国名为姓。夏时有少习国，后来被楚国吞并，其子孙后代以国为姓。又以地名为姓，春秋有地名少习，居住在此的人就以地名为姓。

【历史名人】

习凿齿：东晋史学家。习韶：明代洪武年间兵部郎中。

宦 以仕宦为姓，与官吏家庭有关。命姓。相传战国时鬼谷子有徒弟叫陈梅林，去世前要求儿子一定要做官，并命令儿子姓宦，以此延续。

【历史名人】

宦绩：明代名臣。宦懋庸，清代学者。

艾 出自夏后氏，以祖辈名为姓。夏王少康有大臣汝艾，其子孙以其名为姓。此外，田氏齐国时期有艾子，被封于艾山，以地为氏，称艾氏。

【历史名人】

艾宣：宋代画家。艾自新、艾自修兄弟：明代学者。

鱼 以祖辈名字为姓，出自子姓，为宋国司马子鱼的后代。子鱼的后代，以祖字为氏，为鱼氏。

【历史名人】

鱼豢：三国魏历学家。鱼思贤：唐水利家。鱼朝恩：唐监军。鱼玄机：唐代女诗人。鱼翼：清代画家。

鱼玄机

容 出自大容氏，以祖辈名为姓。黄帝时，有两位容氏大臣：容援发明了钟（一种乐器），容成则制作了乐曲。其子孙后代以其名为姓。又以国名为姓，古有容氏国，其后代以容为姓。

【历史名人】

容居：周代时大夫。容悌与：明朝时大孝子。

向古易慎　戈廖庾终

向 出自子姓，以祖辈名为姓。宋桓公有个后代，字向父，后代就以其字为姓。也有以国为姓，源出姜姓，上古有附庸国向国，春秋时被吕国灭，向侯子孙就以国为姓。

【历史名人】

向宠：三国蜀良将。向秀：西晋初期哲学家、文学家，“竹林七贤”之一。向敏中：宋代广州知府。向子韶：宋末抗金派。向士璧：南宋末年的抗元名将。

古 由古成氏分化而来。以祖辈名为姓，出于姬姓。周族首领古公亶父，给周族带来繁荣和稳定的生活，其后代就以他的名为姓。

【历史名人】

古初：东汉一位以“遭父丧，未葬，邻家失火，匍匐柩上，以身捍火，火为灭”，而被表荐于朝的大孝子。古铣：南北朝时以所著的《长生保要》一卷而传名。古牧：三国蜀广汉功曹。古弼：北魏太武帝时的名臣。古革：宋朝进士。古彦辉：明朝初年监察御史。古其品：明末忠直之士。

易 出自雍氏，以祖辈名为姓。齐桓公有宠臣易牙，其后代以易为姓。也有以地名为姓，古有易地，在那居住的人以地名为姓。

【历史名人】

易元吉：宋代画家。易绍宗：明初抗倭勇将。易贞言、易宗瀖父子：清学者。

慎 出自芈姓，为楚国贵族白公胜（叶公）的后代，以封地为姓。白公胜的后代中，有被封于慎者，以地为姓，是为慎氏。慎氏在南宋孝宗时，为避孝宗名讳，有的改称真氏。

【历史名人】

慎到：战国时著名法家。慎蒙：明代监察御史。

戈 出自古寒国，以封地为姓。古寒国伯明有子寒浞，篡夺夏朝天下，自立为王，寒浞封儿子猜于戈，其后代就以封地为姓。

【历史名人】

戈永龄：明代天文学家。戈允礼：明工部侍郎。戈汕：清官及书画家。

廖 出自有熊氏，以祖辈名字为姓。黄帝的子孙有叫飂叔安的，由于古时飂与廖音同，因此飂叔安的后代就以廖为氏。

【历史名人】

廖扶：东汉时人称“北郭先生”，以满腹浩瀚如海的学问而垂名千古。廖化：三国蜀将军。廖居素：南唐忠臣。廖升：明名臣。廖燕：清文学家。

庾 以官职为姓。周代有主管仓、库、庾、廪的官员，这些官职被世代担任，于是其后人中就有以官为姓的，相应产生了仓氏、库氏、廪氏及庾氏。

【历史名人】

庾乘：东汉末名士。庾东：西晋初力士。庾亮、庾翼兄弟：东晋外戚、名臣。庾肩吾：南朝文学家。庾信：北朝文学家。

终 出自陆终氏，以祖辈为姓。陆终的后代中，有以祖辈名字为姓，是为终氏。

【历史名人】

终军：西汉使者。终郁：唐朝清官。终其功：明代翻译家。

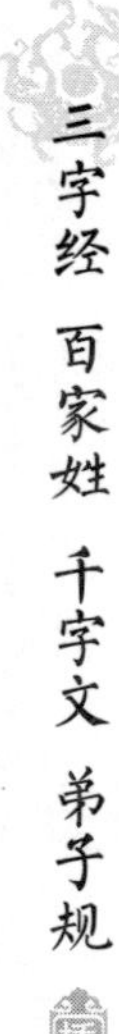

暨居衡步　都耿满弘

暨 春秋时期越国大夫之后，以祖辈为姓。越国大夫有诸暨，其后代以祖字为氏，故称暨氏。也有以封地为姓，是彭姓分化出的分支。长寿人彭祖有支后代封在暨地，其子孙就以封地为姓。

【历史名人】

暨艳：东汉末年名士。暨陶：宋代诗人。

居 从杜姓分化出来，是尧的后裔。晋襄公时有大将叫先且居，立有大功，其子孙就以他的名为姓。

【历史名人】

居股：汉代大臣。居廉：清末画家，擅长以手指作画。

衡 商朝名相伊尹的后代，以官名为姓。商朝开国之君汤重要谋士伊尹，后来担任商朝的阿衡，即相当于宰相的官职，其后代，有的就以祖先的官职为氏，称衡氏。

【历史名人】

衡胡：西汉儒士。

步 出自郤氏，以采邑为姓。晋国公族有郤步，为晋大夫，食邑在步地故称步氏。

【历史名人】

步叔乘：孔子弟子。步骘：三国吴丞相。步熊：晋代方士。

都 出自公都氏，以祖辈名为姓。齐国公族大夫公都子有后代，以祖字为氏，是为都氏。此外，郑公子阏，字子都，其后代也以都为姓。

【历史名人】

都稽：汉代临亚侯。都郁：宋学者。都杰：明代文士。

耿 出自姬姓，以国名为姓。周朝时有耿国，春秋时，被晋国灭，其后代就以国为姓。以封邑为姓，耿国被灭后，晋献公将耿赐给有功的赵夙，赵夙的后代有的就以封地为姓。

【历史名人】

耿寿昌：西汉理财家、历算家。耿弇、耿恭、耿秉：东汉初期名将。耿沛：唐代诗人，大历十才子之一。耿京：南宋抗金义军首领。

满 以祖辈字为姓，源出妫姓。舜帝后裔胡公妫满之后，分化为胡姓和满姓。又春秋时期，南方荆蛮部落中有瞒氏者，也改为满氏。

【历史名人】

满宠：三国蜀名将。满奋：晋朝历史名人。满朝存：明代进士。

弘 主要以封地为姓。卫国公族有演，因封在弘地，因此人称弘演，其后代即以封地为姓。

【历史名人】

弘慕：汉代权臣。弘恭：汉代重臣。

匡国文寇 广禄阙东

匡 出自子姓，以封地为姓。宋国有大夫被封于匡，子孙后代以封邑为姓。

【历史名人】

匡章：战国齐国名将。匡衡：西汉中期元帝丞相。

国 出自姬姓，以祖辈名为姓。郑穆公有个儿子叫发，字子国，孙子公孙侨，字子产，以祖父名字为姓，后代沿袭。也有以族名为姓，源出姜姓，春秋时齐国的一个旺族，世袭齐国上卿，人称国氏，其子孙以族为姓。

【历史名人】

国渊：三国太仆。国用安：金大臣。

文 出自姜姓，以祖辈名为姓。周初分封时，有许国，国君许文叔的后代，就以祖字为氏，称文氏。此外，宋朝初年，为避敬字之讳，有敬氏者都改为文氏。

【历史名人】

文种：春秋末年越国大夫。文翁：西汉蜀郡太守。文丑：东汉末年名将。文彦博：宋代政治家。文天祥：抗金名臣。文同：北宋名画家，善于画竹。文征明：明代书画家。

文天祥

寇准

寇 以官名为姓。夏代地区大国昆吾国的后代，被封于苏，建立苏国，到苏忿生时，为周天子的司寇，他的儿子中有的以父亲官职为氏，是为寇氏。此外，三国时期北方地区少数民族也有此姓。

【历史名人】

寇恂：汉朝雍奴侯。寇准：北宋名相。

广 系丹阳广成子的后代，以祖辈名号为姓。上古黄帝世代，有仙人广成子，其后代就以广为姓。

【历史名人】

广明：汉朝宰相。广宾：明代佛教高僧。广厚：清湖南巡抚。

禄 源出子姓，以祖辈名字为姓。商纣王的儿子武庚，字禄父，周初受封于殷，统率商朝的遗民。其后代就以祖辈字为姓，是为禄氏。

【历史名人】

禄东赞：唐代松赞干布大将。禄存：明代名士。

阙 出自阙里氏，以地名为姓。孔子教学在山东阙里，住此地的人就姓阙。另外也有以党为姓，党在古代是地方组织，五百家为党，党员、阙党。阙党后代有以党名阙为姓。也有以官名阙为姓。

【历史名人】

阙疑：宋代名孝子。阙士琦：明代学者。阙岚：清代画家。

东 出自东户氏，以祖辈名为姓。帝舜时，有东不訾，为帝舜的密友，其后代即以东为姓。

【历史名人】

东关襄：汉代大将。东良元：元朝，为关中地区的大将。

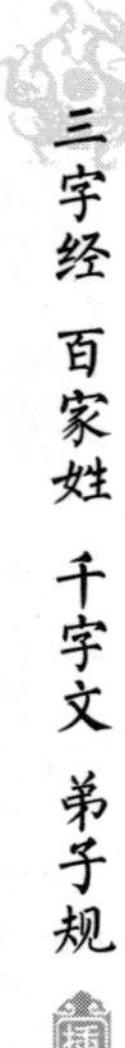

欧殳沃利　蔚越夔隆

欧 主要以山为姓，源出姒姓。春秋时，越王勾践六世孙无疆出兵伐楚，结果被楚国击败，无疆也被杀死，越国四分五裂，其二子蹄占据乌程欧余山的南面，自成欧阳（山南水北为阳）侯，其后代也就以欧阳为姓。后来，欧阳氏中有人简化为单姓欧，奉蹄为始祖。

【历史名人】

欧冶子：春秋时期越国铸剑家。欧道江：明代学者。

殳 赐姓，源出姜姓。上古炎帝孙子伯陵有个儿子善射，因发明箭靶，有功于国，被舜帝封为共工，赐姓殳，其后代以赐姓为姓。另外，古兵器名为殳，有人以兵器名殳为姓。

【历史名人】

殳季真：南朝宋道家。殳邦清：明初孝子。殳默：清代女书法家、诗人。

沃 出自子姓，以祖辈名字为姓。商王沃丁的后代，以沃为姓。

【历史名人】

沃墅：明代温县知县。

利 出自理姓，为理利贞的后代，以祖辈名为姓。理利贞的后代，有以理为氏者，也有以祖辈字为姓的，称利氏。

【历史名人】

利乾：汉代中山国宰相。利苍：西汉长沙国宰相。利申：宋代名士。

蔚 出自姬姓，以封地为姓。郑国国君有子翩，被封于蔚城，其后代就以邑为氏，称蔚氏。

【历史名人】

蔚兴：宋朝龙蔚都虞侯。蔚绶：明代礼部尚书。

越 出自姒姓，以封地为姓。夏王少康，使夏朝一度中兴，其子有季余，季余的后代被封于越，建立越国，其后代就以国号为姓。

【历史名人】

越其杰：明代河南巡抚。越英：明代直臣。

夔 出自熊氏，楚王室之族。楚熊挚的后代，被封于夔，建立了夔国，其子孙就以夔为姓。

【历史名人】

夔腾：战国赵名士。夔信：明代名士。

隆 以地名为姓，春秋鲁国有一村为隆，当地人以隆为姓。少数民族有隆姓。

【历史名人】

隆舜：唐代大臣。隆英：明代御史。

师巩厍聂　晁勾敖融

师 出自姬姓，周代师尹的后代。此外，晋国公族大夫有师服，其后代以祖字为氏，也称师氏。另外也有他姓改为师姓。

【历史名人】

师旷：春秋时晋国名臣。师丹：西汉末年名臣。

巩 出自姬姓，以祖辈名为姓。周代公族有巩伯，为周大夫，其后代以祖字为氏，称巩氏。

【历史名人】

巩丰：春秋时期宋国名士。巩信：宋末江西招讨使。巩珍：明代航海家。

库 出自库狄氏。北朝时期北周有库狄部酋长，以库狄为姓，其后代就以库为氏。另外，少数民族也有库姓。古代看守仓库的人称为库大夫，因此其后代有以库为姓的。

【历史名人】

库均：汉代大臣。

聂 出自姜姓，以封地为姓。齐国的丁公，封其子于聂城，建立聂国，为齐国的附庸国。聂国的后代，就以封地聂为姓。

【历史名人】

聂政：战国时韩国侠义刺客。聂冠卿：宋代诗人。

晁 出自姬姓，后改为晁。晁字，在古代又写为“朝”，也就是朝朝暮暮的“朝”。周代景王有子，名朝，朝的后代以祖字为姓，称朝氏，也就是晁氏。

【历史名人】

晁错：西汉著名政论家。晁盖：宋代农民起义领袖。晁补之、晁冲之：宋代文学家。晁显：元代兵部尚书。

勾践

勾 出自勾芒氏，是勾芒金天的后代。勾芒主管青阳，世代为勾芒氏，其后改为单姓勾氏，古代勾与句相通，故又称句氏。又改为钩氏、绚氏、苟氏，以后一度又增字改为复姓句龙氏。过了几代以后，又改为勾氏，并不再改动了。

【历史名人】

勾践：春秋末年越国国君。勾扶：三国时蜀左将军。

敖 远古敖氏的后代，以祖辈名为姓。黄帝之孙为颛顼帝，颛顼帝有师大敖，大敖的后代，以祖辈名为姓，称敖氏。此外，敖氏又出自芈姓，为楚王室的后代，凡是被废掉或被臣下杀害的楚王，皆追称敖，如若敖、堵敖等即为一例，其后代即以敖为氏。

【历史名人】

敖颖：唐朝进士。敖山：明代文学家、数学家。

融 出自远古祝融氏，以封号为姓。远古帝喾时，有大臣重黎，其职火正，火之官，由于重黎忠于职守，被帝喾赐以了“祝融”的封号，以后就成为了火神。其子孙后代以祖封号为姓，即为融氏。

冷訾辛阚　那简饶空

冷 出自黄帝时大臣伶伦氏的后代，黄帝赐姓。伶伦氏是中国古乐的发明者，因功大，黄帝就赐他姓冷，其后代就以冷为姓。也有源出姬姓的，周卫康叔后代有姓冷的，后代延续。

【历史名人】

冷士光：宋朝监察御史。冷谦：明朝音律家。

出自远古訾陬氏，以部落为姓。帝喾之妃家，即訾陬氏，是当时一个大部落名，部落后代有人就以訾为姓。

【历史名人】

訾顺：汉代时楼虚侯。訾汝道：元代孝子。

辛 出自姒姓，以封地为姓。夏开国之君启封儿子于莘，莘辛声近，于是以辛为姓。

【历史名人】

辛甲：夏大夫。辛有：周大夫。辛武贤、辛庆忌：西汉将军。辛延年：东汉诗人。辛弃疾：南宋大词人。

辛弃疾

阚 出自姞姓，以封地为姓。南燕伯的后代，被封于阚，其后代即以封邑为姓。此外，齐国有大臣阚止，其后代也姓阚。

【历史名人】

阚泽：三国吴中书令。阚骃：北凉学者。阚棱：唐代猛将。

那 出自子姓，以地名为姓。周初封国有权国。后来，楚武王消灭了权国，把其族迁徙于那处，其后代就以地名那为姓。

【历史名人】

那椿：北朝西魏扬州刺史。那顿：后燕辽西太守。那嵩：明朝沅江知府。

简 出自狐氏，以祖辈谥号为姓。晋国大夫原姓狐氏，名狐鞠居，封邑在续，后来被赵盾处死，谥号续简子，其后代就以祖谥为氏，称简氏。也有耿姓、捡姓改为简姓。另外，马仰溪所考的《简姓世学》则指出：“简姓为春秋时晋大夫续简伯之后，晋与周为姬姓，盖后稷之子孙，而黄帝之苗裔也。其后或在范阳，或在涿郡。”

【历史名人】

简师父：周大夫。简叔：鲁大夫。简雍：三国蜀谋士。简朝芳：清代学者。

饶 出自妫姓，以封地为姓。商均的儿子被封于饶，其后代就以封地为姓，称饶氏。

【历史名人】

饶廷直：唐代邓州通判。饶鲁：宋代大学者。饶延年：宋代学者。饶介：元代诗人。饶伸：明朝学者。饶天民：明代河南道御史。

空 源出子姓，以国名为姓。成汤后代有一支封在空桐，其后以国名为姓，后来又去桐为空，奉成汤为始祖。也有以出生地为姓，商汤贤相伊尹出生在空桑，他的子孙中有一支以空桑为姓，后来去掉桑以空为姓。

【历史名人】

空相机：晋代大臣。空隐：明代高僧。

曾毋沙乜　养鞠须丰

曾参

曾 出自姒姓，以国名为姓。夏王少康，封其少子成烈于赠，建立赠国。后来宋国消灭了赠国，太子巫逃至鲁国，并担任了官职，于是改赠为曾，作为姓氏。

【历史名人】

曾参：孔子弟子。曾巩：宋代文学家，唐宋八大家之一。曾朴：清末文学家。

毋 出自田氏，以封地为姓。齐宣王封其弟于毋丘，作为胡公的后代，故赐姓胡毋氏，胡毋氏的后代分化为三支，各有一姓：一支仍用原姓，为胡毋氏；一支改为毋氏；一支以地名为氏，称毋丘氏。

【历史名人】

毋无霸：西汉末年，王莽军队大力士。毋雅：晋代夜郎太守。毋昭裔：后蜀才子。

沙 出自沙随氏，以国名为姓。古代有沙随国，后来被其他强国消灭，其后代改为公沙氏，如汉代公沙穆，公沙穆的后代又改为沙氏。此外，元朝以后，回族也多用沙姓。

【历史名人】

沙金威：汉朝名将。沙玉：明代良吏。

乜 出自北朝后周时期的宇文部。后周时，赐部族费乜头为乜氏，是乜氏之始。有他姓改为乜姓的，明英宗时，瓦剌国相国也先，为避难逃往中原，不敢再姓也，于是去掉一笔，改姓为乜，其后代沿袭。

【历史名人】

乜迂：宋代名士。乜仁义：明代名人。

养 出自姬姓，以祖辈名为姓。周初分封，有邓国，邓国大夫有养甥，其后代以祖字为氏。

【历史名人】

养由基：春秋时楚国大夫、神箭手。养奋：汉代孝子。

鞠 出自姬姓，以祖辈名字为姓。源于周族祖先后稷，有个儿子赐名鞠陶，其后代楚国公族鞠武，为楚国大族名家大族之子，担任楚国大夫之职，其子孙以鞠为氏。汉初，关中鞠姓人家很多。

【历史名人】

鞠语：孔子弟子。鞠泳：宋代文士。鞠履厚：清代学者。

须 出自密须氏，源于凤姓。密须氏为燕国的附庸国，其后代以国号为氏。

【历史名人】

须贾：魏国中大夫。须元：汉代大臣。

丰 出自姬姓，以祖辈名为姓。春秋时，郑国公子丰正直善良，没有野心，其子孙以他的名字为姓。另外，丰与邦姓同源，出于姬姓。周文王封十七子于邦，其后代以邦为姓，又来有去邑为丰。

【历史名人】

丰坊：明代学者。丰子恺：现代著名文学家。

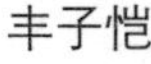

丰子恺

巢关蒯相 查后荆红

巢 出自有巢氏，以国名为姓。先秦时，有巢氏的后代建立了巢国，后来楚国消灭了巢国，其后代以巢为氏。

【历史名人】

巢堪：东汉司空。巢元方：隋代医学家。巢谷：宋代军事理论家。

关 出自龙氏，以封地为姓。夏朝有大臣龙逢，被封于关地，因而人称关龙逢，其后代就以关为氏。

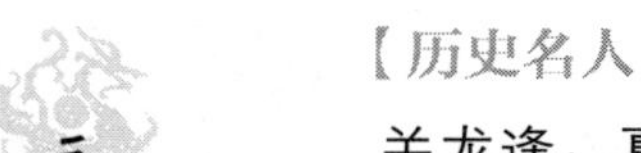

【历史名人】

关龙逄：夏朝末年著名贤臣。关羽：三国蜀名将。关仝：五代后梁名画家。关汉卿：元代著名戏曲家。

关汉卿

蒯 出自姬姓，以祖辈名字为姓。卫庄公名蒯聩，其后代以祖辈字为姓，就是蒯氏。此外，古代有蒯国，其后代也以国为氏。

【历史名人】

蒯得：晋国大夫。蒯通：楚汉时有名辩士。蒯祥：明代建筑家。

相 出自子姓，以居住地为姓。夏朝先王相的都城为相里。商代河亶甲时定都于相，其宗族仍旧留居于相里，后代都以地为姓。

【历史名人】

相荣：晋代辞赋作家。相云：北朝后秦名士。相里、相愿：北齐名士。相礼：明诗人。相世芳：明画家。

查 以封邑为姓。春秋时，楚国有公族大夫分封在查，其后代以封邑为姓。五代时期，南唐后主李煜的枢密副使查文征，在南唐灭亡后，居家迁居海宁，成为旺族。明清时查氏为避灾，又有改查为香，作为姓氏的。

【历史名人】

查文征：五代时南唐枢密副使。查士标：清代画家。查慎行：清代学者。

后 出自太史氏，赐姓。齐国有太史敫，其女为齐襄王的王后，故太史敫之族成为王后之族，被齐王赐姓后氏。

【历史名人】

后处：孔子弟子。后仓：汉代儒生。后巷：汉代经学家。后敏：明朝文士。

荆 出自芈姓，由楚改姓。楚公族以国号为姓，称楚氏，为避秦庄襄王之讳，改称荆氏，荆为楚国的旧号。此外，又有庆姓改为荆氏的。

【历史名人】

荆轲：战国末年燕国刺客。荆浩：五代后梁画家。

荆轲

红 出自熊氏，以祖辈名为姓。楚君熊渠，长子叫熊挚红，被封为鄂王，熊挚红后代中有人有以祖字为姓的，以此延续。

【历史名人】

红线：唐朝侠女。红娘子、红军友：明末农民起义领袖。

游竺权逯 盖益桓公

游 出自姬姓，为郑公室的后代，以祖辈谥号为姓。郑穆公有子死后谥号游吉，其后代，就以祖辈谥号为姓，人称游氏。此外，晋国的桓庄一族，也改为游氏。

【历史名人】

游雅：北魏雍州刺史。游似：宋丞相。游旭：清代画家诗人。

竺 出自印度人姓氏。西汉时，天竺国人（印度人）进入中国，被称为竺氏。此外，中国的竹姓也有改为竺的，如竹晏就改为竺晏，其后代也就以竺为姓。

【历史名人】

竺曾：东汉酒泉都尉。竺大年：宋儒。竺渊：明福建参议。

权 出自姬姓，以封地为姓。黄帝之孙颛顼的后代，被封于权，建立权国，春秋时楚武王灭权国，其子孙以故国为姓。另外，楚王若敖的孙子斗缗为权县尹，其后代以地名权为姓，也称权氏。

【历史名人】

权德舆：唐朝名相、礼部尚书。权邦彦：宋代副宰相。

逯 出自嬴姓，以封地为姓。秦国公族有担任大夫官职的，被封于逯地，其后代就以封地为姓。

【历史名人】

逯普：王莽执政时的大司马。逯相：明孝子。逯中立：明代文士。

盖 源出齐国盖邑大夫的后代，以采邑为姓，称盖氏。有以国名为姓，源于春秋。春秋时，中原小国盖国被西戎降服，失国后的盖国人以盖为姓。

【历史名人】

盖延：汉代虎牙将军。盖文达：唐儒学家。

益 出自庭坚氏，以祖辈名字为姓。上古舜帝大臣伯益，后又成为大禹的得力大臣，其后代中有的以父字为姓，称益氏。

【历史名人】

益强、益寿：汉代名士。益智：元代大将军。

桓 以祖辈名字为姓。黄帝时期，有大臣桓常，对农业生产有很大贡献，黄帝封他为侯，其后代就以他的名字为姓。源出子姓和姜姓，以祖辈谥号为姓，分别源于宋桓公和齐桓公。另外也有他姓改为桓姓。

【历史名人】

桓氏：汉代经学世家。桓荣：东汉任太常。桓谭：东汉哲学家、经学家。桓温、桓玄：东晋权臣。

公 以爵位为姓氏，源出古代公族的后代。各种公族，如公西、公子、公孙、公叔之类，其后代都以公字为氏。

【历史名人】

公勉仁：明代太仆卿。

万俟司马 上官欧阳

万俟 出自北朝王族拓跋氏，以部落名为姓，读音为莫其。后魏献帝时，赐其后代为万俟氏。

【历史名人】

万俟丑奴：北魏农民起义领袖。万俟普：北齐太尉。

司马 以官名为姓。古代最高长官为司马，西周宣王时，程伯林父为周天子司马，后有功，被赐以官职为氏，是为司马氏，其子孙以祖辈官名为姓。

司马迁

司马光

【历史名人】

司马错：战国时期秦国著名军事家。司马印：西汉初项羽部将。司马谈、司马迁父子：西汉著名史学家。司马炎：晋武帝。司马光：宋代著名史学家。

上官

出自芈姓，以官名为姓。楚公族有上官大夫子兰为楚庄公的少子，其子孙后代就以祖先的官职为姓。战国末年秦灭楚国，把上官氏迁徙到陇西郡上邽。

【历史名人】

上官桀：汉代，其孙女为汉明帝皇后。上官仪：唐初期大臣，其女为著名女官上官婉儿。上官伯达：明代画家。上官周：清代画家。

欧阳

出自姒姓，以住地为姓（见欧姓来源）。

【历史名人】

欧阳洵：唐代书法家。欧阳修：宋代诗人、文学家、政治家。欧阳予倩：中国近代戏剧史上的一位著名戏剧家兼演员。

欧阳修

夏侯诸葛　闻人东方

夏侯 出自姒姓，以封爵为姓。周时，有封国杞国，被楚国消灭，杞国国君简公之弟佗，逃往鲁国，鲁悼公因为佗是夏禹的后代，就封佗为侯，称为夏侯，其后代就以夏侯为姓。

【历史名人】

夏侯婴：西汉初年名将。夏侯渊、夏侯玄：三国魏名将。夏侯霸：蜀名将。

诸葛 以姓和居住地合起来为姓，源出葛姓。西汉初，汉文帝封秦末农民起义大将葛婴的孙子为诸县侯，其子孙就以居住地和本姓葛合起来姓诸葛。另外，詹葛氏也讹化为诸葛氏。

诸葛亮

【历史名人】

诸葛谨、诸葛亮兄弟：三国时著军事家、政治家。

闻人 源出左氏。春秋时，著名史学家左丘明撰写《春秋左氏传》，成为古代的“闻人”，其子孙就以闻人为姓。此外，汉朝时有人认为春秋时期，鲁国的少正卯，为鲁国的“闻人”，其后代也以闻人为姓。

【历史名人】

闻人通汉：西汉学者。闻人宏：宋代学者。闻人绍宗：明代画家。

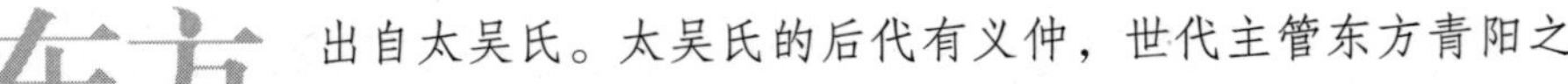

东方 出自太昊氏。太昊氏的后代有义仲，世代主管东方青阳之令，其后代就以东方为氏。另外，西汉武帝时有大臣东方朔，本姓张，由于出生时东方刚亮，因此取名东方朔，其子孙后代也以东方为姓。

东方朔

【历史名人】

东方朔：汉武帝名臣。东方虬、东方颢：唐代诗人。

赫连皇甫　尉迟公羊

赫连 出自匈奴族人之姓。东汉时，匈奴分裂为南、北二部，南匈奴右贤王刘豹子的后代，有刘勃勃，传至统万时，自称夏帝，他认为“王者辉赫，与天相连”，因此自己制定姓氏为赫连氏，赫连氏由此产生。

【历史名人】

赫连达：北周大将军。赫连子悦：北齐都官尚书。

皇甫 宋国公族的后代，以祖辈名为姓。西周后期，宋戴公有子名充若，字皇父，其子孙就以祖字为氏，古代父与甫相通，故称皇甫氏。周代卿士皇父被封于向，后代也称为皇甫氏。

【历史名人】

皇甫规：东汉忠直之臣。皇甫嵩：东汉末年名将。

尉迟 为少数民族姓氏，北朝时期，北魏孝文帝赐尉迟部的后代以尉迟氏。另外，也有来自万俟氏的，如后周功臣万俟兜，也有被赐姓尉迟氏。

【历史名人】

尉迟恭：唐初勇将。尉迟德诚：元代辽东廉访使。

尉迟恭

公羊 出自姬姓，以祖辈名字简化为姓。鲁国公孙羊孺的后代，简称祖字为公羊，其子孙以此作为姓氏。

公羊高：孔子弟子子夏的弟子，《公羊传》的作者。公羊赤：孔子弟子。

澹台公冶　宗政濮阳

澹台 孔子弟子叫灭明的，是鲁国武城人，居住在澹台，故被称为澹台灭明，其后代就以澹台为姓。

【历史名人】

澹台敬伯：汉代学者、诗人。

公冶 源出姬姓，以祖辈字为姓。鲁国大夫季公冶的后代，以祖字为氏，称公冶氏。

【历史名人】

公冶长：字子长，齐国人，孔子弟子。

宗政 源出刘姓，以职官为姓。西汉楚元王刘德的后代，为汉朝宗正官（中央九卿之一，管刘氏宗室事务），其子孙就以官职为氏，称为宗正氏，后来又改为宗政氏。

【历史名人】

宗政子泄：汉代名士。宗政辨：唐代名士。

濮阳 源出姬姓，为郑国公族的后代，以居住地的河流为姓。郑国公族有人担任郑大夫，居住在濮水的北面（山南水北为阳），于是以河流名为氏，就是濮阳氏。

【历史名人】

濮阳兴：三国吴丞相。濮阳涞：明学者。

淳于单于　太叔申屠

淳于 源出姜姓，以都邑为姓。周初，州是诸侯国，淳于为其都邑，州公的后代都以都邑为姓。

【历史名人】

淳于髡：春秋时齐国学者。淳于意：汉代名医。淳于难、淳于朗：唐大臣。

淳于意

单于

单于为匈奴君长的称号，意为广大宽阔。匈奴左贤王去卑单于投降汉朝，称单于氏。现在很少见。

太叔

源出姬姓，为郑国公族，以祖辈名为姓。郑穆公的孙子太叔仪，其后代，以祖字为姓，称太叔氏。

【历史名人】

太叔雄：汉代尚书。太叔广、太叔裘：晋代名士。

申屠

源出姜姓，以父姓加封地名为姓。四岳的后代，起初被封于申。夏代时，申国国君封其弟于屠原，号申屠，后代以为姓氏。

【历史名人】

申屠嘉：汉武帝时名相。申屠刚：东汉尚书令。申屠澄：元代文学家。

公孙仲孙　轩辕令狐

公孙

东周公族的后代，以身份为姓。春秋时期，诸侯的儿子称为公子（因为诸侯属公族），公子之子为公孙，公孙的儿子中没有封邑爵号的，都以公孙为氏，例如周、吴国、越国、楚国以及战国时期诸王的子孙。

【历史名人】

公孙杵臼：晋国大夫。公孙鞅（即著名法家代表人物商鞅）：秦国变法名臣。公孙龙：秦国哲学家。公孙康、公孙渊：汉代辽东大族。

仲孙 源出姬姓，以祖辈名为姓。鲁桓公有子庆父，庆父的后代，就称仲孙氏，又称孟孙氏，以后与其他两家平分鲁国。

【历史名人】

仲孙何忌：春秋时鲁昭公大夫。仲孙湫：齐桓公大夫。

轩辕 出自有熊氏，以祖辈名号为姓。轩辕黄帝姓姬，其子孙就以轩辕为氏。

【历史名人】

轩辕弥明：唐代名士。轩辕损：宋代名士。

令狐 源出姬姓，为周文王的后代，以封地为姓。周文王有子毕公高，毕公高的后代毕万在晋国作官，毕万的曾孙毕颗，受封于令狐，其孙文子颉于是以令狐为氏。也有狐氏改为令狐氏的。

【历史名人】

令狐迈：汉代名士。令狐楚：唐代叛将。令狐德：明代名士。

钟离宇文　长孙慕容

钟离 源出伯氏，以封地为姓。宋国伯宗在晋国作官，有子名州黎，到了楚国，其后代伯宛被封于钟离，钟离的后代就以地为氏。

【历史名人】

钟离子：战国齐名士。钟离昧：秦末项羽大将。钟离权：“八仙”之一。

宇文 源出少数民族。鲜卑族单于葛乌菟，在狩猎时从河中得到了玉玺，以为是上天所授，由于鲜卑族称天为宇，于是号宇文国，其后代以为姓氏。

【历史名人】

宇文泰：建立了北周政权。宇文化及：隋炀帝部将。宇文融：唐代宰相。

长孙 源出拓跋氏。后魏太武帝赐什翼犍的长兄沙漠雄之子嵩，姓长孙氏，其后代也以长孙为姓，这就是长孙氏。

长孙无忌

【历史名人】

长孙皇后：唐太宗李世民的皇后。长孙无忌：唐朝初年名将，长孙皇后的兄弟。

慕容 源出鲜卑氏。沙归单于自称慕容氏，认为仰慕二仪之德，继三光之容，故自制姓氏慕容。其子慕容魔，自称燕王，此后又有慕容垂等，先后建立了四个以燕为国号的政权。

【历史名人】

慕容延钊：后汉名士。慕容三藏：隋代大将军。慕容延到：宋代检校尉。

鲜于闾丘　司徒司空

鲜于 源于子姓，以国名和邑名合起来为姓。周武王封商纣王时的大臣箕子于朝鲜，箕子后代仲封于于，于是他把国名鲜和邑于合起来，姓复姓鲜于，其后代就以鲜于为姓。

【历史名人】

鲜于仲通：唐代节度使。鲜于天：宋代天文学家、地理学家。

闾丘

主要以地名为姓，源出春秋。春秋时，齐国的一个老人，因住在闾丘，人称闾丘先生，对齐桓公治国很有功劳，其子孙就以地名闾丘为姓，奉闾丘先生为始祖。

【历史名人】

闾丘晓：唐代濠州刺史。闾丘孝终：宋代大臣。

司徒

源出契，以官职为姓。春秋时设有司徒之职位，其子孙以官职为氏。另外，传说舜的后代也有姓司徒的，其后代沿袭下来。

【历史名人】

司徒卯：春秋时陈国大夫。司徒映：唐文宗名臣。司徒诩：五代南汉礼部侍郎。

司空

源于姒姓。相传帝昊设有司空的职位，大禹曾经为帝尧的司空，其职就是平治水土，治理山川，禹的子孙中有人就以司空为氏。

【历史名人】

司空曙、司空图：唐代文学家。

百家姓终

以这四字作为《百家姓》的结束，用“终”字结尾是为了押韵。

插图版

三字经百家姓千字文弟子规

千字文

【原文】

天地玄黄，宇宙洪荒。日月盈昃，辰宿列张。

【注释】

玄：青黑色。洪荒：混沌而蒙昧的状态。盈：月亮圆满。昃：太阳西斜。辰：星辰。

【译文】

天是青黑色的，地是黄色的，宇宙形成于混沌蒙昧的状态中。日出日落，月圆月缺，星罗棋布，都是大自然奇幻的景象。

【原文】

寒来暑往，秋收冬藏。闰余成岁，律吕调阳。

【注释】

收：收割。闰余：一年中多出来的天数。律吕：古代测定气候的仪器。

【译文】

寒冬来到了，暑夏过去了；秋天收割庄稼，冬天储藏粮食。历法上用闰月来调和阴阳，协调一年的周期，就像乐律上用律吕来调节音节一样。

【原文】

云腾致雨，露结为霜。金生丽水，玉出昆冈。

【注释】

致：导致。结：凝结。金：黄金。丽水：丽江，流经云南丽江县一带，即今云南金沙江，以水底沙能淘出金子而得名。昆冈：昆仑山，以产美玉出名。

【译文】

云气在天空上升遇冷形成了雨，夜里的露水遇到寒流的侵袭则凝结成霜。金沙江能生出黄金，昆仑山盛产美玉。

【原文】

剑号巨阙，珠称夜光。果珍李柰，菜重芥姜。

【注释】

巨阙：宝剑名，越王允常令欧冶子铸五把宝剑，以巨阙为最好。珍：鲜美。柰：沙果。重：味重。

【译文】

最锋利的宝剑叫巨阙，最有名的明珠叫夜光。水果里最鲜美的是李子和柰子，菜肴中最不可缺少的是芥子和姜。

【原文】

海咸河淡，鳞潜羽翔。龙师火帝，鸟官人皇。

【注释】

鳞：代指鱼类。潜：藏。翔：飞翔。龙师：官名。

【译文】

海水的味道是咸的，河水的味道是淡的，有鳞片的鱼在水里游动，长羽毛的鸟在天上飞翔。龙师、火帝，鸟官、人皇，他们都是上古的有名人物。

【原文】

始制文字，乃服衣裳。推位让国，有虞陶唐。

【注释】

始：初。制：造。乃：继而。服：穿衣服，上为衣，下为裳。

【译文】

上古时期，仓颉最先创造了文字，嫘祖制作了衣裳。主动把君位和国家禅让给别人的，是圣君唐尧和虞舜。

【原文】

吊民伐罪，周发殷汤。坐朝问道，垂拱平章。

【注释】

吊：安抚。伐罪：讨伐有罪的人。朝：朝廷。问道：垂问治国的道理。

【译文】

慰问苦难的老百姓，讨伐罪恶的统治者，是周武王姬发和商王成汤。

贤明的君主坐在朝廷上向大臣们询问管理天下的办法，垂衣拱手，毫不费力就能使天下太平，功绩彰著。

【原文】

爱育黎首，臣伏戎羌。遐迩一体，率宾归王。

【注释】

黎：黑色。首：头。臣：以臣礼事君。伏：服从。遐迩：远近。率：一概，都。

【译文】

贤明的君主能爱惜、抚育百姓，使戎族和羌族这些少数民族俯首称臣。普天之下都统一成一个整体，所有的黎民百姓都服服帖帖地归顺于他的统治。

【原文】

鸣凤在竹，白驹食场。化被草木，赖及万方。

【注释】

食场：农牧场。化：化育。被：及。赖：恩泽。万方：远近，到处。

【译文】

凤凰在葱郁的竹林中欢乐地鸣叫，小白马在广阔的草场上自由自在地吃着草。圣君贤王的仁德之治使草木都沾受了恩惠，万方百姓仰仗他

过着幸福的生活。

【原文】

盖此身发，四大五常。恭惟鞠养，岂敢毁伤。

【注释】

盖：文言发语词，无实义。恭：恭敬。惟：思念。

【译文】

人们的身体发肤是父母赐予的，关系到伦理的四大和五常。诚敬地想着父母的养育之恩，哪里还敢毁坏损伤它。

【原文】

女慕贞洁，男效才良。知过必改，得能莫忘。

【注释】

慕：爱。效：效法。才：有才能的人。

【译文】

女子要钦敬仰慕那些持身严谨的贞妇洁女，男子要模仿效法那些有才能有道德的正人君子。如果知道自身有了过错就一定要改正，如果自己掌握了某种技能就要注意保持终身不忘。

【原文】

罔谈彼短，靡恃己长。信使可复，器欲难量。

【注释】

罔：不要。靡：不要，不可。恃：依赖，倚仗。信：诚实。复：复验。器：器量。

【译文】

千万不要谈论别人的短处，更不要倚仗自己的长处。一个人的信用要经得起考验，器量要越大越好。

【原文】

墨悲丝染，《诗》赞羔羊。景行维贤，克念作圣。

【注释】

墨：墨子，战国时期墨家的创始人和代表人物。景：仰慕。行：行为。克：能够。

【译文】

墨子悲叹洁白的丝线被染上了杂色，《诗经》赞颂纯洁的羔羊能始终保持洁白如一。为人处世要仰慕那些圣贤的德行，能够时时想着自己也能成为圣人。

【原文】

德建名立，形端表正。空谷传声，虚堂习听。

【注释】

德：五常之德。建：树立。端：端正。表：外表，容貌。传：持续

不断。习：重复。

【译文】

一个人的道德如果树立起来了，名声就会和圣人一样传播到远方；就如同形体端庄了，仪表就正直了一样。在空旷的山谷里，声音会持续不断；在空荡的堂屋中，一处发声，各处都会响应。

【原文】

祸因恶积，福缘善庆。尺璧非宝，寸阴是竞。

【注释】

积：积累。缘：因为。阴：光阴，时间。

【译文】

灾祸的形成是平时作恶多端积累出来的结果，福禄的降临是平素乐善好施点滴积累的回报。超过一尺的美玉不能算是真正值得珍惜的稀世珍宝，而片刻的光阴也会一去不返，才是值得每一个人去珍惜的。

【原文】

资父事君，曰严与敬。孝当竭力，忠则尽命。

【注释】

资：以，借。事：侍奉。严：敬畏。尽命：牺牲生命。

【译文】

奉养父母，侍奉君主，要严肃而恭敬。孝顺父母应当尽心竭力，忠于君主要能不惜生命。

【原文】

临深履薄，夙兴温清。似兰斯馨，如松之盛。

【注释】

履：践。清：使之凉快。似：像。兰：香草。盛：茂盛。

【译文】

如同站在深渊的边缘，走在薄冰的上面，早起晚睡，侍奉父母要让他们感到冬暖夏凉。让自己的德行像兰草那样清香，像松柏那样茂盛。

【原文】

川流不息，渊澄取映。容止若思，言辞安定。

【注释】

川：流动的大水。息：止。渊：不流动的大水。映：照。止：举止。

【译文】

德行纯常而不间断，犹如流动的大水一样永不停息；品德洁清而没有污染，就像不流动的大水一样清可照人。仪容举止要沉静安详，言语对答要安定稳重。

【原文】

笃初诚美，慎终宜令。荣业所基，籍甚无竟。

【注释】

笃：诚笃，深厚。诚：确实，固然。终：事成。令：美好。业：事业。籍：有声誉。无竟：没有尽头。

【译文】

开始真诚地侍奉双亲固然很好，但始终如一、坚持到最后则更难能可贵。这是一生事业荣耀的基础，有此根基，发展将没有止境。

【原文】

学优登仕，摄职从政。存以甘棠，去而益咏。

【注释】

登：升。摄职：占据职位。益：增益。咏：歌咏，赞美。

【译文】

书读好了就能做官，可以行使职权参加国政。周人怀念召伯的德政，留下甘棠树不忍砍伐，召伯虽然离去了，但百姓却越发歌颂他。

【原文】

乐殊贵贱，礼别尊卑。上和下睦，夫唱妇随。

【注释】

乐：音乐。殊：不同。别：区别。上：尊贵者。下：卑贱者。唱：倡导。随：跟随。

【译文】

音乐要根据人们身份的贵贱而有所不同，礼节要根据人们地位的高低而有所区别。上下要和睦相处，丈夫倡导的，妻子要听从。

【原文】

外受傅训，入奉母仪。诸姑伯叔，犹子比儿。

【注释】

受：承。训：教导。诸：许多。

【译文】

在外接受师傅的训诲，在家遵从父母的教导。对待姑姑、伯伯、叔叔，做侄儿、侄女的要像是他们的子女一样。

【原文】

孔怀兄弟，同气连枝。交友投分，切磨箴规。

【注释】

孔怀：关心。投分：情投意合。切磨：切磋磨砺。

【译文】

兄弟之间要相互关心，彼此气息相通，如同树枝相连。结交朋友要意气相投，要能共同研讨学问，互相切磋劝诫。

【原文】

仁慈隐恻，造次弗离。节义廉退，颠沛匪亏。

【注释】

隐恻：同情之心。节：坚持既定原则不轻易改变。义：正确合宜的道理举动。匪：非，不可。亏：短缺。

【译文】

对别人仁爱，要有同情心，在任何时候、任何地方都不能丢掉。气节、正义、廉洁、谦让这些品德，即使陷入狼狈困顿的境地时，也不要亏缺。

【原文】

性静情逸，心动神疲。守真志满，逐物意移。

【注释】

疲：疲乏无力。守：操守。

【译文】

保持内心清静平定，情绪就会安逸舒适；心为外物所动，精神就会疲惫不堪。保持自己天生的善性，愿望就可以得到满足；一心追逐外物，意志就会衰退，善性就会改变。

【原文】

坚持雅操，好爵自縻。都邑华夏，东西二京。

【注释】

爵：位。縻：拴，捆，系在身上。华夏：中国古称。

【译文】

坚定地保持着高雅情操，高官厚禄自然就会属于你。中国古代的都城，有东京洛阳和西京长安。

【原文】

背邙面洛，浮渭据泾。宫殿盘郁，楼观飞惊。

【注释】

飞惊：形容挺拔高耸，势若腾飞，令人惊骇。

【译文】

洛阳北靠邙山，面临洛水；长安北横渭水，远据泾河。西京的宫殿回环曲折，楼台宫阙凌空欲飞，使人心惊。

【原文】

图写禽兽，画彩仙灵。丙舍傍启，甲帐对楹。

【注释】

图写：图画。画彩：彩色画。丙舍：宫中的别室。傍：侧。启：开。

【译文】

宫殿里画着飞禽走兽，还有彩绘的天仙神灵。正殿两旁敞开的是嫔妃的厢房，迎面对着的是供奉神仙的甲帐。

【原文】

肆筵设席，鼓瑟吹笙。升阶纳陛，弁转疑星。

【注释】

肆：摆设。纳：进入。

【译文】

宫殿里摆着酒席，弹琴吹笙一片欢腾。官员们上下台阶互相祝酒，珠帽转动，乍看疑是满天星斗。

【原文】

右通广内，左达承明。既集坟典，亦聚群英。

【注释】

右：西面。左：东面。集：聚集。坟典：三坟五典，相传为古书名。

【译文】

向右可以通向广内殿，向左可以到达承明殿。宫殿之中既集中了古今的典籍，也汇聚着许多稀世的珍品。

【原文】

杜稿钟隶，漆书壁经。府罗将相，路侠槐卿。

【注释】

稿：草书。府：官署，府第。罗：罗列。侠：与“夹”同。

【译文】

里边有杜度草书的手稿和钟繇隶书的真迹，有从汲县魏安厘王家中发现掘出来的漆写古书，以及汉代鲁恭王在曲阜孔庙墙壁上发现的古文经书。将相府第星罗棋布在两京城内，夹道的古槐显示着卿相们的威风。

【原文】

户封八县，家给千兵。高冠陪辇，驱毂振缨。

【注释】

户：民家。给：给予。辇：帝王乘坐的车子。驱：驱赶。缨：帽子上的垂带。

【译文】

他们每家都有八县以上的封地，还有上千名的侍卫武装。戴着高大帽子的官员们陪着帝后出游的车辇，车马驰驱，彩饰飘扬。

【原文】

世禄侈富，车驾肥轻。策功茂实，勒碑刻铭。

【注释】

世：父子相继为世。禄：俸禄。策：谋划。茂：盛，多。勒：刻。

【译文】

大臣的子孙世代享用国家的俸禄，生活富裕，一个人驾着高车肥马，穿着轻裘。这些人文韬武略都很卓著，朝廷为他们树立丰碑记述功绩。

【原文】

磻溪伊尹，佐时阿衡。奄宅曲阜，微旦孰营？

【注释】

佐：辅佐。阿衡：古代官名。奄：古代国名。微：没有。孰：谁。营：营造。

【译文】

吕尚和伊尹，是辅佐贤君有功于当世的名相。夺取曲阜古庵国的地方居住下来，要是没有周公又有谁能经营得起这片鲁国的封地呢？

【原文】

桓公匡合，济弱扶倾。绮回汉惠，说感武丁。

【注释】

匡：扶正。合：聚合。扶倾：扶持倾危者。说：傅说，商朝的隐士。感：感应，感召。

【译文】

齐桓公匡正天下诸侯，打着“帮助弱小”、“拯救危亡”的旗号。绮里季挽回了汉惠帝被废黜的命运，傅说通过梦境使殷高宗武丁得到了感应。

【原文】

俊乂密勿，多士寔宁。晋楚更霸，赵魏困横。

【注释】

俊乂：千人之英为俊，百人之英为乂，通称品德高尚、才华出众的人为俊乂。寔：与“是”通。宁：安宁。更：更替。困横：为连横政策所困。

【译文】

贤才的勤奋谨慎，换来了百官的各安其位。晋文公、楚庄王先后称霸，赵国、魏国受困于连横。

【原文】

假途灭虢，践土会盟。何遵约法，韩弊烦刑。

【注释】

假：借。烦刑：苛刑。

【译文】

晋国向虞国借路去消灭虢国，晋文公在践土召集诸侯歃血会盟。萧何遵奉汉高祖简约的法律，韩非惨死在他自己所主张的苛刑之下。

【原文】

起翦颇牧，用军最精。宣威沙漠，驰誉丹青。

【注释】

宣：宣扬。驰誉：流传美名。

【译文】

白起、王翦、廉颇、李牧，用兵作战最为精通。他们的声威远扬到北方的沙漠，美名和肖像永远流传在千古史册之中。

【原文】

九州禹迹，百郡秦并。岳宗泰岱，禅主云亭。

【注释】

迹：足迹。禅：封禅，古时帝王在泰山筑土为坛祭天，叫封；在泰山脚下的小山上除地为坛祭地，叫禅。

【译文】

九州之内都留下了大禹治水的足迹，天下数以百计的郡县，是秦始皇统一中国的成果。五岳以泰山为尊，帝王封禅则在云山、亭山上举行。

【原文】

雁门紫塞，鸡田赤城。昆池碣石，巨野洞庭。

【注释】

雁门：雁门关。昆池：滇池。

【译文】

雁门关、古长城，鸡田驿站、赤城山，昆明滇池、河北碣石，巨野大泽、洞庭湖。

【原文】

旷远绵邈，岩岫杳冥。治本于农，务兹稼穑。

【注释】

旷远：空旷遥远。岩岫：石窟为岩，山洞为岫，此处泛指陡峭的高山。治：管理。本：根本。农：田事。务：专心。兹：此。

【译文】

中国的土地辽阔遥远，没有穷极，山谷高峻幽深，变化莫测。把农业作为治国的根本，一定要做好播种与收获。

【原文】

俶载南亩，我艺黍稷。税熟贡新，劝赏黜陟。

【注释】

载：从事。我：自己。税：征税。贡：纳贡。劝：勉励。黜：革职。陟：升级。

【译文】

要致力于田地，亲自种植小米和黄米。庄稼一成熟就要纳税，把新谷献给国家，庄稼种得好的受到表彰和赏赐，种得不好的就要受到处罚。

【原文】

孟轲敦素，史鱼秉直。庶几中庸，劳谦谨敕。

【注释】

敦素：厚道，诚恳，朴实。秉直：秉性耿直。庶几：近乎，接近。敕：告诫。

【译文】

孟子崇尚朴素，史鱼坚持正义。要想不偏不倚，持之以恒，必须勤劳谦逊，谨慎检点。

【原文】

聆音察理，鉴貌辨色。贻厥嘉猷，勉其祗植。

【注释】

聆：听。鉴：察看。色：人的脸色。贻：留。嘉：美善。祗：敬重。植：树立。

【译文】

听人说话要审察其中的道理，看人容貌要看出他的心情。要给子孙留下好的办法，勉励他们谨慎小心地立身处世。

【原文】

省躬讥诫，宠增抗极。殆辱近耻，林皋幸即。

【注释】

省：反省。躬：自省。抗：抗命。极：达到极点。殆：接近。幸：侥幸。即：就。

【译文】

要时时反省自己，不要讥笑别人的告诫。备受恩宠，不要得意忘形，对抗权尊。如果知道有危险耻辱的事快要发生就要退隐山林，还可以幸免于祸。

【原文】

两疏见机，解组谁逼。索居闲处，沉默寂寥。

【注释】

组：系官印的绶带，解组就是辞官。索居：独居。

【译文】

汉代疏广、疏受叔侄见机归隐，有谁逼迫他们辞去官职呢？离君独居，悠闲度日，不谈是非，何等清静。

【原文】

求古寻论，散虑逍遥。欣奏累遣，戚谢欢招。

【注释】

求：探求。散：解除。虑：忧思。谢：辞却。招：引来。

探求古人古事，读点至理名言，就可以排除杂念，自在逍遥。喜悦增添，牵挂就排除了，烦闷一丢开，欢乐就到来了。

【原文】

渠荷的历，园莽抽条。枇杷晚翠，梧桐蚤凋。

【注释】

的历：光彩灿烂。莽：草木丛生。晚：岁暮。翠：青翠。

【译文】

池塘中的荷花开得多么鲜艳，园林内的青草抽出嫩芽。到了冬天，枇杷叶子还是绿的，梧桐一到秋天叶子就凋谢了。

【原文】

陈根委翳，落叶飘摇。游鹍独运，凌摩绛霄。

【注释】

委翳：衰谢，枯死。凌：高飞。摩：迫近。绛：深红色。

【译文】

陈根老树枯倒，落叶在秋风里四处飘荡。寒秋之中，鲲鹏独自高飞，直冲布满彩霞的云霄。

【原文】

耽读玩市，寓目囊箱。易輶攸畏，属耳垣墙。

【注释】

耽：沉溺。玩：玩味。寓目：留心观看。易：轻忽。攸：所。

【译文】

汉代王充沉迷于读书，在街市上流连时，眼睛注视的都是书袋和书箱。说话最怕旁若无人，毫无禁忌，要留心隔着墙壁有人在贴耳偷听。

【原文】

具膳餐饭，适口充肠。饱饫烹宰，饥厌糟糠。

【注释】

具：备办。适口：合口味。厌：通餍，吃饱，满足。

【译文】

平时的饭菜，要适合口味，让人吃得饱。有吃的时候，遇到大鱼大肉也不想再吃，没吃的时候，即使是酒糟糠皮也会饱餐一顿。

【原文】

亲戚故旧，老少异粮。妾御绩纺，侍巾帷房。

【注释】

异：分别。粮：饭食。御：管理，支配。

【译文】

亲戚朋友来往，少年吃细粮，老人吃粗粮。妻妾婢女纺纱织麻，在家中为丈夫递衣递帽。

【原文】

纨扇圆絜，银烛炜煌。昼眠夕寐，蓝笋象床。

【注释】

纨：细绢。炜煌：火光耀眼。眠、寐：睡觉。蓝笋：青竹。

【译文】

圆圆的绢扇洁白素雅，白白的蜡烛明亮辉煌。白天躺的，晚上睡的，是蓝色的竹席，象牙制的床。

【原文】

弦歌酒宴，接杯举觞。矫手顿足，悦豫且康。

【注释】

弦歌：奏着琴瑟，伴着歌舞。矫手：把手举高。悦豫：愉快，欢喜。且：连词。

【译文】

歌舞弹唱伴着盛大的宴会，高擎酒杯，互相传递。人们手舞足蹈，高兴万分。

【原文】

嫡后嗣续，祭祀烝尝。稽颡再拜，悚惧恐惶。

【注释】

嫡：正妻。烝尝：祭祀的名称。颡：额头。

【译文】

子孙一代一代传续，四时祭祀不能懈怠。又磕头，又下拜，战战兢兢，诚惶诚恐。

【原文】

笺牒简要，顾答审详。骸垢想浴，执热愿凉。

【注释】

笺牒：书信、公文之类的总称。顾：看。答：回答。审详：周密详细。

【译文】

给人的书信要简明扼要，回答别人的问话时要审慎周详。身上脏了

就想洗个澡，捧着热东西就希望它快点凉。

【原文】

驴骡犊特，骇跃超骧。诛斩贼盗，捕获叛亡。

【注释】

犊：牛犊。特：公牛。骇：惊骇。跃：跳跃。超：超过。骧：马抬头奔跑。诛：诛戮。斩：斩杀。亡：逃犯。

【译文】

驴子、骡子，大小牲口，惊奔欢跃，前超后赶。官府诛杀盗贼，捕获叛乱分子和亡命之徒。

【原文】

布射僚丸，嵇琴阮啸。恬笔伦纸，钧巧任钓。

【译文】

吕布善于射箭，宜僚善玩弹丸，嵇康善于弹琴，阮籍善于啸喊。蒙恬制造了毛笔，蔡伦发明了造纸，马钧发明了水车，任公子善于钓鱼。

【原文】

释纷利俗，并皆佳妙。毛施淑姿，工颦妍笑。

【注释】

释纷：解除烦乱。利俗：利于世俗。并皆：俱是。淑：美好。工：

善于。颦：皱眉。

【译文】

他们或者善于为人解决纠纷，或者善于发明创造有利于社会，这些都非常巧妙。毛嫱、西施，姿容姣美，皱起眉头都俏丽无比，笑起来则格外动人。

【原文】

年矢每催，曦晖朗曜。璇玑悬斡，晦魄环照。

【注释】

矢：漏矢，古代计时的仪器。每催：频频催促。朗曜：明照。斡：转动。晦：农历每月最后一天。魄：每月开始或将灭的微火。

【译文】

岁月像飞箭流逝，不断地催人向老，太阳的光辉永远明朗地照耀在空中。北斗七星高高转动着斗柄，月亮的光辉循环着照耀四海。

【原文】

指薪修祜，永绥吉劭。矩步引领，俯仰廊庙。

【注释】

指：指示。修祜：修身幸福。吉劭：吉祥美好。引：伸长。俯：

低头。

【译文】

顺应自然，修德积福，永远平安，多么美好。迈着方步，伸着脖子，一举一动都像在神圣的庙宇中一样仪表庄重。

【原文】

束带矜庄，徘徊瞻眺。孤陋寡闻，愚蒙等诮。

【注释】

矜庄：持重端庄。瞻眺：抬头遥望。孤陋：孤独鄙陋。寡闻：知识浅薄。诮：讥笑，讽刺。

【译文】

穿着整齐端庄，举止从容，高瞻远瞩。学问浅薄见识少，会像愚蠢糊涂的人一样受到讥笑。

【原文】

谓语助者，焉哉乎也。

【注释】

谓：说。语助：语气助词。

【译文】

说到古书中的语气助词，那就是“焉”、“哉”、“乎”、“也”了。

插图版

三字经百家姓
千字文弟子规

弟子规

总 叙

【原文】

《弟子规》，圣人训：首孝弟，次谨信；

泛爱众，而亲仁；有余力，则学文。

【注释】

圣人，旧时指品格最高尚、智慧最高超的人物。这里指孔子。训，教导。弟，同悌，敬爱、顺从兄长，下同。

【译文】

《弟子规》所阐述的，是圣人对学生的训导：首先要孝敬父母，尊敬兄长，然后要谨慎约束自己，对人诚实守信；要博爱民众，并亲近有德行的人；做好了这些若是还有余力，就可以去学习文化知识。

入则孝　出则弟

【原文】

父母呼，应勿缓；父母命，行勿懒；

父母教，须敬听；父母责，须顺承。

【注释】

应，答应。命，指派。承，接受。

【译文】

当父母呼唤你的时候，应该马上回应，不可以迟缓；对父母交代的事情，应该马上行动，不可以拖延偷懒；父母教诲的时候，要恭敬地听从；对父母的责备，要顺从地接受。

【原文】

冬则温，夏则清，晨则省，昏则定。

出必告，反必面，居有常，业无变。

【注释】

温，温暖。凊，凉快。反，通“返”，回来。省，探望，问候。

【译文】

在冬天寒冷的时候必须照顾好父母，让他们感到暖和；而在夏天炎热的时候，则要让父母享受清爽凉快；早晨要向父母请安；晚上要侍候父母睡下。外出办事时，一定告知父母，回来后也必须要面告父母，以免父母牵挂；要在固定的地方居住，要有稳定的职业。

【原文】

事虽小，勿擅为；苟擅为，子道亏。

物虽小，勿私藏；苟私藏，亲心伤。

【注释】

擅，擅自。为，作为。亏，欠缺。亲，父母。

【译文】

不要因为事情小就擅自去做，倘若自作主张地去做了，就不符合做子女的规矩。就算是一些微不足道的东西，也不可以私自把它们藏起来；如果你把东西藏起来，一旦被父母发现，他们一定会很伤心。

【原文】

亲所好，力为具；亲所恶，谨为去。

身有伤，贻亲忧；德有伤，贻亲羞。

【注释】

好，喜好。力，尽力。具，备齐。恶，厌恶。去，除去。贻，遗留。羞，羞辱。

【译文】

一切父母所喜欢的东西，必须努力准备齐全；凡是父母所厌恶的东西，一定小心谨慎地除去。假如身体有了伤，就会给父母带来忧愁；如果品德上有什么不足，就会使父母蒙受羞辱。

【原文】

亲爱我，孝何难？亲恶我，孝方贤。

亲有过，谏使更，怡吾色，柔吾声。

谏不入，悦复谏，号泣随，挞无怨。

【注释】

方，才。过，过错。谏，规劝。更，改变。怡，使快乐，愉悦。柔，使柔和。入，采纳。复，再次。挞，鞭挞。

【译文】

父母爱我，我孝敬父母又有什么困难呢？父母讨厌我，我还能克尽孝道，像这样的孝才算是真正的孝道。父母假如有过错，做子女的应该多次规劝使其改正，规劝时必须和颜悦色，说话时声音必须要轻柔。倘若父母不听子女规劝，子女要等父母情绪好时再劝，若还是不听，还需要哭泣恳求，假如父母生气打了子女，子女也要毫无怨言地接受。

【原文】

亲有疾，药先尝，昼夜侍，不离床。

丧三年，常悲咽，居处辨，酒肉绝。

丧尽礼，祭尽诚，事死者，如事生。

【注释】

疾，病。尽礼，竭力符合礼仪。事，对待。如，如同，好像。

【译文】

在父母生病的时候，煎好汤药，做子女的都要先尝一尝药温是否适度再给父母吃。照料生病的父母必须日夜服侍在床前，不离开半步。父母去世后必须守丧三年，不时伤心痛哭。在守丧期间，要夫妻分居，还要不吃肉不饮酒。为父母操办丧事要严格按照礼的规定去办，举行祭礼时必须要表现出极大的诚意。对待已经去世的父母，要像父母在世时那样遵守孝道。

【原文】

兄道友，弟道恭，兄弟睦，孝在中。

财物轻，怨何生？言语忍，忿自泯。

【注释】

道，途径，方法。忿，怨恨。泯，消除，泯灭。

【译文】

做兄长的要善待弟弟，作为弟弟更要尊敬兄长。兄弟和睦，这也是对父母孝顺的一种表现。把财物看得轻了，兄弟之间的怨恨又怎么会产生呢？说话时彼此忍让，忿恨自然就会消失了。

【原文】

或饮食，或坐走，长者先，幼者后。

长呼人，即代叫，人不在，己即到。

【注释】

或，表示列举。即，马上。

【译文】

在吃饭的时候，应该让年长者先吃；在坐的时候，应该让年长者先坐下；在走路的时候，让年长者走在前面，年幼的人跟随在其后。长者叫人时，要立即代为呼叫，如果所叫的人不在，自己要先代为听命。

【原文】

称尊长，勿呼名；对尊长，勿见能。

路遇长，疾趋揖；长无言，退恭立。

【注释】

见，通“现”，表现。疾，快步。趋，快步上前。揖，拱手行礼。

【译文】

称呼长者时，不可以直呼其名。在长辈面前要表现得谦虚恭敬，不要过于表现自己的才能。走在路上若遇见了长辈，必须快步迎上去行礼问候，假如尊长不说话，就要退在一旁恭恭敬敬地站立。

【原文】

骑下马，乘下车，过犹待，百步余。

长者立，幼勿坐；长者坐，命乃坐。

【注释】

过，走过。犹，还。命，命令。乃，才。

【译文】

在自己骑马行路时，遇见长者要立即下马；坐着车行路时遇到长者要立即下车。长辈走后，自己还要在原地稍候，等长辈走到百步以外，自己才能上马或上车。假如是长辈站着，年幼的人就不能坐下，长辈坐下之后，命令你坐，这时你才能坐。

【原文】

尊长前，声要低，低不闻，却非宜。

进必趋，退必迟。问起对，视勿移。

事诸父，如事父。事诸兄，如事兄。

【注释】

宜，适宜。迟，缓慢。起，站立。移，转移。事，侍奉。

【译文】

在长辈面前说话，声音要低些，不过也不能过低，若是太低而听不清楚，那也是不适宜的。有事要到尊长面前，走路必须要快些，见过尊长告退的时候，动作则要缓慢一点儿。长辈问话时一定要站起来回答，双目望着长辈，不可以左顾右盼。服侍叔伯等父辈，就如服侍自己的父亲那样恭敬。对待同族的兄长，就好比对待自己的胞兄那样友爱恭敬。

【评析】

这段文字主要写了在家中对待父母要孝顺，在外面对待尊长要恭敬。这是中华民族几千年流传下来的传统美德。文中有几处都讲到了要对父母孝顺，并且举出在日常生活中我们要做的事情，虽然有些事情在今天看来十分迂腐，但却传达出了“孝”对中国传统文化及民族精神根深蒂固的影响。

关于孝道最早的书籍，是孔子著的《孝经》，据说是在汉武帝时鲁恭王扩建宫舍，在孔子故居中的墙壁中发现的。中国历代也有许多关于“孝”的故事和传说，其中比较著名的有“汉文帝亲尝汤药”：汉文帝刘恒以仁孝闻名于天下，侍奉母亲从不懈怠。母亲卧病三年，他日夜服侍左右；母亲所服的汤药，他亲口尝过后才放心让母亲服用。还有“凉席温被”：据说东汉时有个小孩，名叫黄香。在他九岁的时候，

母亲便病故了。黄香每天都非常思念去世的母亲，常潸然泪下。乡里的人看到他思母的情景，都称赞他是个孝子。失去了母亲的黄香，便把全部的孝心都倾注于父亲，家中大大小小的事情，都亲自动手去做，一心一意服侍父亲。三伏盛夏，酷热难当。黄香拿着扇子在床边扇枕席，一直扇到席子已经暑气全消，黄香才会去请父亲上床睡觉。过了秋天，隆冬来临，黄香就会钻进父亲冰冷的被窝里，用自己的身体把被子弄得暖烘烘的，然后再请父亲去睡。

所有这些故事都向我们说明了一个道理：人们恪守孝道，将中国的“孝”做到尽善尽美的地步。此外，这段文字中不仅提到了孝，还提到了尊敬兄长，爱护幼小，讲究礼节，要严格遵循礼仪行事，这也是恪守孝道的一种表现。

而在今天，我们依然提倡孝道，可是有几人做到了真正意义上的孝敬呢？生活在父母身边的儿女更多的想到的是自己的小家庭；漂泊在外的游子，没有时间陪伴在父母的身边，最多只是给父母一些生活费，认为这样就可以使他们安度晚年。其实当人到老年时，他们需要的是关爱，是享受子孙满堂的天伦之乐。也许我们今天所欠缺的正是抽出时间多回家看看，多陪陪自己的父母，多陪父母说说话，这才是我们对父母最好的回报。

谨而信

【原文】

朝起早，夜眠迟。老易至，惜此时。

晨必盥，兼漱口；便溺回，辄净手。

【注释】

眠，睡觉。盥，洗脸。辄，立即。溺，同“尿”，小便。

【译文】

清晨要早起，晚上要迟睡。因为一个人很容易就老去，每个人都必须要珍惜现在的大好时光。早晨起床后必须洗脸洗手，并且还要刷牙漱口。每次大小便之后，就把手洗干净。

【原文】

冠必正，纽必结，袜与履，俱紧切。

置冠服，有定位，勿乱顿，致污秽。

【注释】

冠，帽子。俱，都。置、顿，放置。

【译文】

戴帽子要戴端正，穿衣服时要把纽扣扣好，袜子和鞋子都必须穿戴整齐，鞋带要系紧。脱下来的帽子和衣服，应放置在一个固定的地方，不可以随便乱扔，免得把衣帽弄脏。

【原文】

衣贵洁，不贵华，上循分，下称家。

对饮食，勿拣择，食适可，勿过则。

年方少，勿饮酒，饮酒醉，最为丑。

【注释】

贵，贵在。洁，整洁。华，华丽。循，遵循。分，等级。称，符合。则，界限，度。少，小。丑，出丑。

【译文】

衣服贵在整洁干净，而不在于华丽漂亮。在见尊长时穿的衣服必须要符合自己的名分，平时在家穿的衣服也要符合自己的家境状况。对于食物不可以挑挑拣拣，吃饭时必须要适可而止，不要超过平时的饭量。在自己年轻的时候，千万不要喝酒，如果喝醉了，就会因为丑态百出而丢脸。

【原文】

步从容，立端正，揖深圆，拜恭敬。

勿践阈，勿跛倚，勿箕踞，勿摇髀。

缓揭帘，勿有声，宽转弯，勿触棱。

【注释】

践，踩。阈，门槛。跛倚，歪斜站着。箕踞，坐时两腿前伸成箕状。髀，大腿。触，碰。棱，棱角。

【译文】

走路时必须不紧不慢从容大方，站立时做到端庄直立，作揖行礼时要把身子躬下来，在叩头的时候要表现得恭恭敬敬。在家站立时不可以把脚踩在门槛上，不要身子歪曲斜倚，坐时别把两腿叉开，不要摇晃大腿。在进门时要轻缓地揭开门帘，别弄出声响。走路拐弯时角度要大些，不要碰到棱角。

【原文】

执虚器，如执盈；入虚室，如有人。

事勿忙，忙多错，勿畏难，勿轻略。

【注释】

执，拿着。虚器，空的器具。入，进入。轻略，轻慢，草率。

【译文】

手里拿着没有盛东西的器具，就如同拿着装满了东西的器具一样小心；走进没人的房间，就如同走进有人的房间一样小心。做事不能过于匆忙，匆忙时容易发生差错，做事时不可以畏惧困难，也别轻率地对待。

【原文】

斗闹场，绝勿近；邪僻事，绝勿问。

将入门，问孰存；将上堂，声必扬。

【注释】

绝，绝对。存，在。堂，正厅。扬，大声。

【译文】

一切打架闹事的场合，绝对不可以走近。那些邪恶下流、荒诞不经的事情，绝对不可以问起。在准备进入别人的家门时，先要问一声：有人在家吗？进入客厅前，声音要更高一些。

【原文】

人问谁，对以名；吾与我，不分明。

用人物，须明求，倘不问，即为偷。

【注释】

对，回答。人物，别人的东西。为，是。

【译文】

在别人问是谁时，就要将自己的姓名告知对方，假如只回答是“是我”、“是吾”，对方就弄不清楚究竟是谁。在使用别人的东西时，一定要明确地提出请求，征得人家同意。倘若不问一声就拿去用，这就是偷窃的行为。

【原文】

借人物，及时还；人借物，有勿悭。

凡出言，信为先，诈与妄，奚可焉！

【注释】

还，归还。悭，吝啬。信，诚信。妄，虚妄，荒诞。奚，怎么，何。

【译文】

借别人的东西，必须在约定的时间里归还；如果别人向你借东西，自己有的话就应该借给别人，不可以吝啬不借。一切承诺，首先要讲究信用。欺骗蒙混，胡言乱语，这怎么可以呢？

【原文】

话说多，不如少，惟其是，勿佞巧。

刻薄语，秽污词，市井气，切戒之。

【注释】

佞巧，花言巧语，投人所好。市井，无赖气。

【译文】

说话多，不如少说，因为言多必失，说的话只要做到恰当无误就可

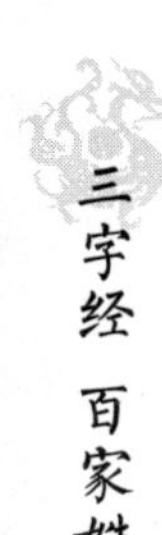

以了，千万不要花言巧语。尖酸刻薄的言词和下流的话，千万不要说；粗俗的市侩习气，必须彻底戒掉。

【原文】

见未真，勿轻言；知未的，勿轻传。

事非宜，勿轻诺；苟轻诺，进退错。

【注释】

的，确实。宜，适宜。诺，许诺。

【译文】

对于自己没有完全看清楚的事情，不可以随便乱说；对于自己没有明确了解的事情，不要轻易散布出去。对于不妥当的事情，不可以随便就答应别人，如果你轻易许诺，你就会陷入进退两难的境地，做也是错，不做也是错。

【原文】

凡道字，重且舒，勿急疾，勿模糊。

彼说长，此说短，不关己，莫闲管。

【注释】

道，说。字，话。重，声音清楚。

【译文】

在说话的时候，声音要重而且流畅。说话时不要讲得太快，也不可以讲得含糊不清。别人说东家长，说西家短，假如说的这些事情与自己无关，就别多管闲事。

【原文】

见人善，即思齐，纵去远，以渐跻。

见人恶，即内省，有则改，无加警。

【注释】

齐，向……看齐。纵，即使。跻，上升。改，改正。警，警惕。

【译文】

看见别人的优点和善行，就要向他学习，就算和他相差得很远，自己也要努力去做，再慢慢赶上他。发觉别人做了坏事，就要自我检讨，假如发现自己有错误就必须加以改正，假如自己没有错也要自我警惕。

【原文】

惟德学，惟才艺，不如人，当自励。

若衣服，若饮食，不如人，勿生戚。

【注释】

惟，只有。励，勉励。戚，悲伤。

【译文】

如果品德、学问、才能、技艺不如别人，立刻自我勉励勤奋努力，赶上他。若是自己的穿着没有别人漂亮，若是自己的饮食不如别人的丰盛，则不必难过悲哀。

【原文】

闻过怒，闻誉乐，损友来，益友却。

闻誉恐，闻过欣，直谅士，渐相亲。

【注释】

过，过错。损友，不好的朋友。却，退却。恐，惊恐。直，正直。谅，诚信。

【译文】

在听到别人说自己的缺点时就生气，听到别人恭维自己时就高兴。假如这样，不好的朋友就会来与你交往，有益的朋友就会同你断交。反过来，在听见别人称赞自己时就感到惶恐不安，在听到别人指出自己的过错时就欣然接受，若是这样，那些正直诚实的人，就会逐渐与你亲近起来。

【原文】

无心非，名为错；有心非，名为恶。

过能改，归于无；倘掩饰，增一辜。

【注释】

无心，无意。非，过错。辜，罪。

【译文】

如果无意之中做了坏事，这就叫“错”，若是故意为非作歹，这就叫“恶”。犯了错误而能够及时改正错误，就相当于没有做过错事一样。若犯了错反而加以掩饰，那就是错上加错了。

【评析】

这一部分主要是针对学生的言、行而提出的具体要求。文中指出时光短暂，不应该敷衍了事，应该严格要求自己，使自己做到最好。

首先是从生活习惯上来说的。要时刻注意自己的卫生，要保持良好的卫生习惯，这样才能赢得别人的好感，而不至于使他人感到厌恶。做事要注意严谨，这些习惯可以反映出来一个人的整体面貌。比如，一个人穿衣扣错纽扣，戴帽歪歪斜斜，将自己的东西乱扔乱放，衣服脏等，就会使人觉得他很邋遢，最终遭到大家的否定。同样是一件衣服，如果把它清洗干净，穿在身上可能就会让别人感觉到很舒服，于是就会对这个穿衣服的人产生好感。吃饭时不可以挑挑拣拣，穿衣服要选择适合自己的，要根据自己的酒量选择喝酒的多少，否则将会丑态尽现。此外，坐和走时都要注意礼貌和美观，一时的不雅，也会使自己的形象毁于一旦。

另一方面，从“言”的角度来论述严谨和诚信。语言同样也可以反映出一个人的修养和素质，所以这段文字从“言”的几个方面来说。首先说话要有礼貌，这样才能得到对方的尊重，如果不假思索地说一些无聊或是伤害对方的话，往往会引起对方的反感。对于自己不确定的事情不要胡乱下定论，以至于引起不必要的麻烦。说话要力求准确，而不是花言巧语地曲解事情的真实面貌。

在现实社会中，做事严谨、诚实守信是非常重要的。一个人如果总是随性地说一些不负责任的话，并且不守信用，这样就很难得到别人的信任，也根本不可能成为一个出色的人。只有严格要求自己，才能做成大事。

泛爱众而亲仁

【原文】

凡是人，皆须爱，天同覆，地同载。

行高者，名自高，人所重，非貌高。

【注释】

凡，只要。皆，都。覆，遮盖。载，承载。行，德行。

【译文】

无论对什么人都要关心和爱护，因为我们生活在同一片天空下，生活在同一个地球上。一个人行为高尚，他的名望自然就会提高，人们所重视的并不是外貌的美丽。

【原文】

才大者，望自大，人所服，非言大。

己有能，勿自私；人有能，勿轻訾。

【注释】

才，才能。望，名望。服，佩服，信服。訾，诋毁。

【译文】

一个人若有才学，他的声望自然会大。人们所佩服的是有真才实学的人，而不是自我吹嘘的人。自己有才能，不可以自私保守，舍不得付出；别人有才能，不要心生嫉妒，说别人坏话。

【原文】

勿谄富，勿骄贫，勿厌故，勿喜新。

人不闲，勿事搅；人不安，勿话扰。

【注释】

谄，谄媚。厌，厌烦。故，老的，旧的。闲，闲暇。扰，打扰。

【译文】

不可以去曲意逢迎有钱人，不可以对穷人骄横无礼，不要厌弃以前的故人旧友，不要只喜欢新交的朋友。在别人十分忙碌的时候，别用事情去打搅；在别人心情不安的时候，不要找他说话而打扰他。

【原文】

人有短，切莫揭；人有私，切莫说。

道人善，即是善，人知之，愈思勉。

【注释】

短，短处，缺点。道，说。愈，更加。勉，努力。

【译文】

发觉了别人的短处，千万别揭发出来；发现了别人的隐私，也绝对不要去说破。称赞别人的善行，就是做了一件善事。因为别人知道你在宣扬他的善行，就会更加勉励自己，努力向善。

【原文】

扬人恶，即是恶，疾之甚，祸且作。

善相劝，德皆建；过不规，道两亏。

【注释】

扬，发扬。且，就。作，发生。规，规劝。

【译文】

宣扬别人行为上的短处就等于作恶，到处宣扬别人的短处，就会使其憎恨你，从而招致祸患。发现了别人的长处要给予鼓励，这对双方的品德都有益处。发现别人的过失却不加规劝，这对双方来说，在道义上都是一种亏损。

【原文】

凡取与，贵分晓，与宜多，取宜少。

将加人，先问己，己不欲，即速已。

【注释】

与，给。分晓，清楚。欲，喜欢的事。已，停止。

【译文】

无论是从别人手里得到东西，还是把东西给别人，都要分得清清楚楚。给予别人的东西应该多些，获取别人的东西应该尽量少些。打算要求别人去做的事，首先要问一问自己愿不愿意去做。若是连自己都不愿意做的事，就应该立刻停止。

【原文】

恩欲报，怨欲忘，报怨短，报恩长。

待婢仆，身贵端；虽贵端，慈而宽。

【注释】

端，端庄。宽，宽容。

【译文】

受人恩惠，要时时想着报答，对别人的怨恨要尽快忘记，对别人怨恨的时间越短越好，对别人报恩的时间越长越好。对待家里的仆人，最关键的是自身要做到品行端正。尽管品行端正很重要，但也要有仁慈宽厚的胸怀。

【原文】

势服人，心不然；理服人，方无言。

同是人，类不齐，流俗众，仁者稀。

【注释】

势，势力。然，这样。流俗，随大流的人。众，多。稀，少。

【译文】

用势力去压服别人，别人就会口服心不服；用道理去说服别人，别人才可能心悦诚服。同样是人，但类别不同，普通的俗人很多，但品德高尚的人却十分稀少。

【原文】

果仁者，人多畏，言不讳，色不媚。

能亲仁，无限好，德日进，过日少。

不亲仁，无限害，小人进，百事坏。

【注释】

果，果真。讳，避讳。亲，亲近。德，德行。日，渐渐。

【译文】

真正的仁者，人们对待他都心怀敬畏，说话时也就直言不讳，脸色更不见谄媚。如果能与品行高尚的仁者亲近，就会得到很多的益处。与仁者亲近之后，个人的品德就会一天天地进步，而过失就会逐步减少。不去亲近品德高尚的仁者，会有很多的害处，这样一来小人就会乘机接近你，什么事情都要变坏了。

【评析】

在这一部分中，又提出了一个新的观点，“泛爱众而亲仁”，体现了孔子对学生要求的层次性和辩证性。

古代圣人们都将“仁爱”作为基本的思想观点。孔子首先要求自己的学生要有“仁爱”思想，这种仁爱是泛爱，它指的是关心爱护众人，并在此基础之上又提出要求，要求自己的学生要与有仁德的人多接近。可以看出，孔子主张的“爱人”是有所区别的，一种是单向的纯粹的“给予”、“无私奉献”式的“爱”；另一种“爱”是双向的，即要求学生在“爱人”的同时也要向对方学习，也要有所收获、有所提高。要求学生“亲仁”、“近仁”，在“亲仁”、“近仁”的过程中得到“仁者”的关心、爱护、指导和感染，以完成学生自身的“成仁”过程。

孔子讲究仁爱的观点是构建和谐社会的一个必要条件，正是当今的社会所缺少的。如果一切都能像孔子说的那样，社会一定会更美好。

行有余力则以学文

【原文】

不力行，但学文，长浮华，成何人？

但力行，不学文，任己见，昧理真。

【注释】

力行，尽力去做。但，只是。长，增长。任，任意。昧，蒙昧。

【译文】

倘若不努力实践仁义，而只是学习经典文献，就会滋长浮华的作风，将来怎会成为一个有用的人？反之，如果只是一味地做，而不努力学习经典文献，就容易只凭自己的见解去为人处事，就不会明白道理的真与假。

【原文】

读书法，有三到，心眼口，信皆要。

方读此，勿慕彼，此未终，彼勿起。

【注释】

信，确实。方，正，刚。慕，想。

【译文】

读书有三种方法，就是心到、眼到、口到。心要记，眼要看，口要读，这三者确实都极其重要。正在读这本书的时候，就不要想着那本书，这本书还没有读完，就不要去读下一本。

【原文】

宽为限，紧用功，工夫到，滞塞通。

心有疑，随札记，就人问，求确义。

【注释】

限，读书的期限。滞塞，迷惑困顿的地方。疑，疑问。求，寻求。确，准确。

【译文】

可以把学习的限期放宽一些，但在学习时要抓紧时间用功学习，只要细心努力探究，不懂的地方就会自然弄通。假如心有疑问，就要随时做好记录，虚心向别人请教，以求得准确的意义。

【原文】

房室清，墙壁净，几案洁，笔砚正。

墨磨偏，心不端；字不敬，心先病。

【注释】

清，清洁，干净。病，心浮气躁。

【译文】

书房里一定要收拾得清洁干净，墙壁必须保持干净。书桌要做到整洁，笔砚要放得端正。若把墨磨偏了，说明学习时心不在焉。字写得很潦草不整齐，说明思想不够集中。

【原文】

列典籍，有定处，读看毕，还原处。

虽有急，卷束齐，有缺坏，就补之。

【注释】

列，摆放。毕，完。虽，即使。

【译文】

摆放典籍要有固定的地方，读完一本书后必须把书放回原来的地方。就算有急事不看书了，也必须把书本整理好，假如书本有缺损，应该修补完整。

【原文】

非圣书，屏勿视，蔽聪明，坏心志。

勿自暴，勿自弃，圣与贤，可驯致。

【注释】

非，不是。屏，摒弃，丢开。蔽，蒙蔽。驯，渐进。

【译文】

不是圣贤经书，就应该丢开不看。不好的书会蒙蔽人的思想，破坏人的心志。人一定不要自甘堕落，更不可以自暴自弃。圣人和贤人的境界，都是可以通过自身努力而逐渐达到的。

【评析】

"行有余力，则以学文"是在"首孝悌，次谨信，泛爱众而亲仁"这三层意思的基础上，进行论述的。一是强调了学习经典著作的重要性和必要性。我们在家要孝敬老人，外出要尊敬他人，博爱众人，具有"仁"的思想，这一系列行为是在有了一定的文学素养之后，才可能真正地理解和做到的。如果不学习诗书就不可能深刻地理解"仁"；只有认真、深入、细致、反复阅读体会儒家经典著作，才能悟得"仁"的真谛；只有亲身施行"仁爱"，在长期的"爱"与"被爱"的体验过程中，才能逐步提高完善自身德行。所以说应该在有余力的情况下，学习经典著作。二是提出了终身学习的观点，并表明了学习和工作的关系。要求学生在家庭和学校要"学文"，在外出任职后依然要抓紧利用闲暇"学文"；还要求学生要摆正"工作"与"学习"的关系，首先要尽心尽力、尽职尽责工作，工作之余再抓紧时间阅读圣贤书，学习圣贤们的成德方法，不断完善，不断使自己的工作及言行更加符合"仁"的标准。

参考文献

[1] 王应麟.中华古典珍品系列—百家姓[M].合肥：黄山书社，2002.

[2] 张海清.百家姓签名通典[M].北京：新世界出版社，2003.

[3] 陈超.百家姓[M].广州：广州出版社，2004.

[4] 喻岳衡.千字文[M].长沙：岳麓书社，1987.

[5] 赵春香.千字文[M].北京：朝华出版社，2005.

[6] 子静.三字经·百家姓·千字文·千家诗[M].上海：上海大学出版社，2005.

[7] 王应麟.三字经·百家姓·千字文·千家诗·弟子规[M].北京：北京出版社，2014.

[8] 王应麟，郑朋娜.弟子规·三字经·百家姓·千字文来龙去脉详解[M].海口：南海出版社，2014.